4·16구술증언록 단원고 2학년 5반 제4권

그날을 말하다

준영 아빠 오홍진

이 도서의 국립중앙도서관 출판예정도서목록(CIP)은 서지정보유통지원시스템 홈페이지(http://seoji.nl.go.kr)와
국가자료공동목록시스템(http://www.nl.go.kr/kolisnet)에서 이용하실 수 있습니다.
CIP제어번호: CIP2019009622

4·16구술증언록 단원고 2학년 5반 제4권

그날을 말하다

준영 아빠 오홍진

4·16기억저장소 기획 편집
(사) 4·16세월호참사가족협의회 지원 협조

한울

일러두기

1. 음절로 식별 가능한 소리를 들리는 대로 전사하는 것을 원칙으로 한다.

2. 의미를 파악하기 위해 추가 설명이 필요할 경우 [ ]로 표시한다.

3. 몸짓, 어조 등 비언어적 행위는 ( )로 표시한다.

4. 구술자가 말을 잇지 못해 말줄임표를 사용하는 경우 ……, …로 길고 짧음을 표시한다.

5. 비공개 영역은 〈비공개〉로 표시한다.

6. 비공개해야 하는 희생자 형제자매의 이름은 ○○, △△ 등의 도형기호로, 생존자의 이름은 A, B, C 등 알파
   벳 대문자로 표시한다.

7. 비공개해야 하는 제3자는 직분이나 소속, 성만 공개하고, 이름은 ××로 표시한다. 비공개해야 하는 숫자는
   자릿수에 상관없이 □로 표시하며, 지명은 □□로 표시한다.

4·16기억저장소에서는 세월호 참사 5주기를 맞아 구술증언 수집 사업의 결과물 일부를 100권의 책으로 발간하게 되었습니다. 이 사업은 2015년 6월부터 다양한 학문 분야 구술 연구자들의 자발적인 참여로 진행되어 왔으며, 세월호 참사를 좀 더 정확하고 다각적으로 기록하고 기억하고자 하는 노력의 일환으로 수행되었습니다.

2014년 참사 발생 이후, 참사 피해자들의 목격담과 경험은 안타깝게도 공식적인 국가기관과 언론의 기록 속에서 철저히 소외되거나 왜곡되었습니다. 그것은 세월호 참사가 우리에게 안긴 죽음과 고통의 충격만큼이나 우리 사회의 끔찍한 비극이었습니다. 따라서 사업을 진행하면서 세월호 참사 희생자 가족, 생존자, 생존자 가족, 어민, 잠수사, 활동가, 기자 등등, 참사의 초기 과정을 직접 경험한 분들의 증언을 우선적으로 수집했습니다. 구술자는 이 사업의 취지와 방식에 개인적으로 동의한 분 중에서 선정했으며, 참여 과정에 어떠한 금전적 보상이나 이익이 제공되지 않았습니다. 또한 구술증언 수집 사업을 진행하는 동안, 면담자는 연구자이자 참사를 겪은 공동체 시민으로서 최대한 윤리적이고자 노력했습니다.

구술자마다 매회 약 2시간씩 3회를 원칙으로 음성 녹취와 영상 촬영을 하는 방식으로 진행되었고, 증언의 일관성을 확보하기 위해 면담자는 큰 틀에서 공통 질문지를 사용했습니다. 공통 질문지의 내용은 참사와 구술자 간의 관계성에 따라 차이가 있지만, 유가족 구술의 경우 1회차 '참사 이전의 삶, 팽목항과 진도에서의 경험, 자녀에 대한 기억'을, 2회차 '참사 이후 투쟁과 공동체 활동 경험'을, 3회차 '참사 이후 개인 및 가족이 경험한 삶의 변화와 깨달음, 자녀의 현재적 의미'를 중심으로 했습니다. 이처럼 증언 내용은 참사 이전에서 시작해 참사 발생 당시의 경험과 이후의 변화 과정까지 폭넓게 수집했고, 면담자는 구술 채록 과정에서 구술자의 발화를 최대한 존중하고자 했으며, 무엇보다 각자의 특수한 경험과 다른 시각을 충실히 반영하고자 했습니다.

이 구술증언록의 발간을 위해, 채록된 음성 자료는 문서로 변환해 구술자와 함께 검토했고, 현재 시점에서 공개할 수 있는 영역과 할 수 없는 영역으로 구별했습니다. 따라서 책에 실린 내용은 모두 구술자로부터 공개를 허락받은 부분입니다. 비공개 영역은 추후 구술자의 동의를 받아 적절한 절차를 거쳐 추가로 공개될 수 있으리라 생각합니다.

이 구술증언록 100권에는 그동안 우리 사회에 왜곡되어 알려지거나 잘 알려지지 않았던, 참사 발생 직후 팽목항과 진도 혹은 바다에서의 초기 상황에 관한 중요한 증언이 포함되어 있습니다. 또한, 자녀를 잃는 잔인하고 애통한 상황을 겪으면서도 그 누구보다 강인한 정치적 주체로 성장할 수밖에 없었던 유가족의 마음과 경험을 구체적으로, 그리고 여러 각도에서 살펴볼 수 있습니다. 그 외에도, 이 구술증언록은 2014년을 전후한 한국 사회의 여러 측면을 드러내는 귀중한 자료가 되리라고 생각합니다. 무엇보다 국내외의 많은 분이 이 책을 읽어, 장차 세월호 참사의 진상 규명과 역사 서술에 기여할 수 있기를 바랍니다.

구술증언 수집 사업이 진행되고, 책으로 출간되기까지 많은 분의 도움과 지지가 있었습니다. 이 지면을 빌려 부족하나마 감사의 말씀을 전하고자 합니다.

먼저 (사)4·16세월호참사가족협의회와 4·16기억저장소에 감사를 드립니다. 이분들의 신뢰와 적극적인 협조가 없었다면, 이 사업은 처음부터 시작할 수조차 없었을 것입니다. 또한 어려운 정치 환경 속에서도 사업의 취지에 공감해 재정 지원을 결정해 준 아름다운가게와 역사문제연구소에 감사드립니다. 두 단체 덕분에, 이 사업을 4년 동안 계속해 올 수 있었습니다. 그리고 구술증언록 100권의 발간에 동의하고, 바쁜 일정에도 출판 실무를 기꺼이 맡아주신 한울엠플러스(주)에도 감사를 드립니다. 이 외에도 많은 개인과 단체가 직간접적으로 많은 도움을 주시고 격려해 주셨습니다. 여기에 모두 밝히지 못하는 것을 죄송하게 생각합니다.

　말할 필요도 없이, 가장 크고 또 가슴 아픈 감사는 구술자 한 분한 분께 드리고자 합니다. 이 책이 발간될 수 있었던 것은, 무엇보다 용기를 내어 아픔과 고통의 기억을 다시 떠올리고 장시간 진심으로 이야기를 해주신 구술자가 있었기 때문입니다. 오랜 시간 이야기를 나누며 함께 공감하기도 했지만, 그 아픔과 고통을 어떻게 가늠할 수 있을까 싶습니다. 더 큰 도움이 되지 못함을 안타까워하며, 이 구술증언록 100권의 발간이 피해자분들에게 조금이라도 위로가 될 수 있기를 기원합니다.

2019년 4월

4·16기억저장소 구술팀 책임자
서울대학교 인류학과 교수 이현정

차례

■ 1회차 ■

<u>17</u>
1. 시작 인사말

<u>17</u>
2. 야구를 좋아하던 준영이

<u>24</u>
3. 결혼과 안산 이주, 가족생활

<u>30</u>
4. 20대에 참여했던 사회운동과 직장생활

<u>40</u>
5. 준영이의 중고등학교 시절

<u>44</u>
6. 4월 15일 출발 전에 대한 기억

<u>51</u>
7. 참사 당일 소식을 접한 경로

<u>55</u>
8. 팽목항 도착과 18일 이후의 수색 작업

<u>65</u>
9. 팽목항에서 준영이가 돌아오기를 기다린 시간

<u>70</u>
10. 준영이가 돌아온 날

<u>75</u>
11. 어머니가 지어준 삼행시

■ 2회차 ■

<u>81</u>
1. 시작 인사말

<u>81</u>
2. 특별조사위원회 활동

<u>90</u>
3. 특조위 조사에서 최우선으로 조사해야 할 것

<u>96</u>
4. 광화문 단식 농성에 참여한 과정

<u>101</u>
5. 배·보상 신청 개시 후 소송에 참여한 이유

<u>104</u>
6. 동거차도 감시단 활동

<u>111</u>
7. 가족협의회 임원들과 운영에 관한 생각

<u>115</u>
8. 성당 활동을 통해 시작한 사회운동

<u>129</u>
9. 동생 ○○이의 근황과 아버지의 건강 상태

<u>135</u>
10. 아버지가 생각하는 진상 규명의 의미

<u>140</u>
11. 어머니와 딸에 대한 심경

■ 3회차 ■

<u>149</u>
1. 시작 인사말

<u>149</u>
2. 근황

<u>152</u>
3. 1차 청문회와 특조위 활동에 대한 의견

<u>159</u>
4. 단원고 교실 존치 문제

<u>169</u>
5. 영화 〈나쁜 나라〉 상영과 영화에 대한 의견

<u>171</u>
6. 4월 16일 당시 목격한 것들에 대한 보충

<u>178</u>
7. 간담회에서 겪은 일들

<u>189</u>
8. 아버님의 향후 바람과 마무리 인사

준영 아빠 오홍진

구술자 오홍진은 단원고 2학년 5반 고 오준영의 아빠다. 준영이는 아빠와 목욕 가면 등 밀어주고, 같이 PC방도 다니는, 가족을 살뜰히 챙기고 아빠의 짐을 같이 나눌 줄 아는 아들이었다. 아빠는 준영이 엄마가 지어준 삼행시 "오 : 오죽하면 저러고 다닐까요, 홍 : 홍익인간의 뜻을 아는 아빠이기에, 진 : 진실을 밝히기 위해 포기할 수 없습니다"를 가슴에 새기고 오늘도 세월호 참사의 진실을 알리기 위해 전국 방방곡곡으로 달려간다.

오홍진의 구술 면담은 2015년 11월 10일, 16일, 27일, 3회에 걸쳐 총 6시간 동안 진행되었다. 면담자는 장미현, 촬영자는 명소희·이세영이었다.

구술자 본인의 프라이버시나 제3자의 프라이버시를 보호해야 할 부분을 제외하고는 구술자의 발화를 있는 그대로 전사했다.

1회차

2015년 11월 10일

1   시작 인사말

2   야구를 좋아하던 준영이

3   결혼과 안산 이주, 가족생활

4   20대에 참여했던 사회운동과 직장생활

5   준영이의 중고등학교 시절

6   4월 15일 출발 전에 대한 기억

7   참사 당일 소식을 접한 경로

8   팽목항 도착과 18일 이후의 수색 작업

9   팽목항에서 준영이가 돌아오기를 기다린 시간

10   준영이가 돌아온 날

11   어머니가 지어준 삼행시

시작 인사말

면담자   본 구술증언은 4·16 사건에 대한 참여자들의 경험과 기억을 기록으로 남김으로써 이후 진상 규명 및 역사 기술에 기여하고자 합니다. 지금부터 오홍진 씨의 증언을 시작하겠습니다. 오늘은 2015년 11월 10일이며, 장소는 안산시 단원구 안산양지지역자활센터입니다. 면담자는 장미현이며, 촬영자는 명소희입니다.

야구를 좋아하던 준영이

면담자   아버님, 인터뷰에 응해주셔서 감사합니다.

준영 아빠   예.

면담자   오늘은 4·16 이전에 준영이와 가족관계, 생활, 그리고 아버님을 둘러싼 가족 경험들에 대해서 말씀을 나누려고 합니다. 이 자리에 앞서 인터뷰 기사를 찾아봤는데 준영이가 어머니와 굉장히 친밀한 사이였더군요. 준영이가 부모님과 관계가 어땠는지, 가족 안에서 어떤 친구였는지를 먼저 말씀해 주시겠어요?

준영 아빠   저는 3남 1녀의 셋째였어요. 이제 형은 서울 쌍문동에 사시고 누나는 천안에, 저는 지금 안산에, 동생은 서울 삼양동에 살아요. 저희 어머님하고 아버님은 돌아가셨고 준영이 엄마도 어머님하고 아버님이 돌아가셨어요. 저는 집이, 그 자식이 1남 1녀 예요. 준영이하고….

면담자   ○○이.

준영 아빠   준영이 바로 밑에 동생 ○○이. 요번에 이제 고등학교 1학년에 올라갔어요. ○○이는 지금 기숙사 학교를 다니고 있어요, 요 안산에 있는 디지털미디어고등학교 기숙사생활을 하면서. 부모의 정이나 이런 것들도 많이 그리울 텐데 오빠하고 공부를 하는 과정에서 서로 약속했었던 게 있었어요. 이제 오빠는 성적을 더 많이 올려서, 기존에는 그러니까 내신등급이 2등급 좀 아래였었는데 2등급 올려서 서울에 있는 경기대를 들어간다는 목표를 잡았었고, 동생은 인터넷이나 편집, 영상 쪽에 상당한 관심이 있어서 안산에 있는 '디미고'라고 한국디지털미디어고등학교 디지털콘텐츠과에 입학을 하기로. 고등학교에서 배워서 좋은 대학을 간다라고, 이제 사고 전에 둘이 약속을 하고 생활을 하다가 오빠가 4·16 그런 일을 당하고. 동생은 중3 때 많이 힘든 생활을 했는데도 부지런히 공부를 열심히 해서, 그 학교가 좀 약간 문이 좁아요, 그래서 홀로 공부하면서 그 학교를 들어가고.

준영이는 되게 여리고 착하고, 남자의 좀 우악스러운 성격보다는 뭐라 그럴까, 약간은 내성적이면서 가족을 되게 많이 챙기는 그런 아이였어요. 우리 준영이는 아빠인 저하고 같이 PC방 가는 것도 좋아하고 사우나 가서 아빠 등 밀어주는 것도 상당히 좋아하고, 가족들끼리 찜질방 가서 밥 먹는 거 이런 것도 상당히 좋아했어요. 준영이는 또 엄마에 대한 애정이, 다른 친구들도 각별하겠지만 준영인 더 각별했어요.

준영이 엄마가 사고 나기… 그때에도 여기 중앙동에 가면 뉴코아아웃렛이라는 대형유통매장이 있어요. 준영이 엄마가 경기 안좋을 때는 아르바이트 학생을 안 쓰고 혼자 일을 하는데 아침에 10시에 문을 열고 저녁 10시에 문을 닫고 퇴근을 하면 한 10시 한 5분, 10분쯤 돼요. 준영이가 학교 일정, 학업 마치고 야자까지 끝나면 10시, 그 시간에 엄마하고 같이 오려고 단원고에서 엄마 회사 쪽으로 오고 있고 엄마는 또 끝나면 단원고 쪽으로 이렇게 오거든요. 같이 파하고 공부 마치는 시간이 10시 기준으로 해서 걸어오다 보면 여기서 약 한 1킬로미터, 2킬로미터 떨어진 안산세무서 근처에서 만나게 돼요. 그럼 만나면 엄마하고 아들하고 손잡고 이렇게 같이 걸어서 집에 올 때도 있고. 버스 타면서 "오늘 공부는 어땠어?" 이렇게 얘기하고 또 엄마는 "우리 아들 공부 잘했어" 엉덩이 툭툭 치고 가다가 음료수도 이렇게 나눠 마시고. 또 엄마가 끝나고 오면 힘들까 봐 친구하고 같이 문 앞에 나와서도 엄마하고 같이 집에 오는 그 정도로, 이제 엄마 생각을 애가 했어요. 그리고 집에서도 동생하고 더더욱….

저는 사고 전에 안산에 있는 종이회사 '광신판지'라는 곳에서 10년 이상을 계속 근무를 하고 있었거든요. 회사의, 응당 회사의 특성상 주·야근들을 많이 해요, 기계가 24시간 돌아가다 보니까. 그러면 토요일이고 일요일이고 아침에 이렇게 퇴근을 하면 자기는 토요일 날 아침이나 일요일 날 아침에 학교를 안 가니까, 아빠가 이제 아침에 들어오니까 그런 표현을 초등학교 5학년 때부터 했어요, "안산의 아침이 슬프다, 아빠 들어오는 아침이 슬프다"고. 아빠가 아침에 안 오고 잠잤으면 좋겠다는 거죠.

그리고 일요일 되면 동생하고 셋이 이렇게 PC방 가는 것도 좋아했어요. 물론 집에도 컴퓨터 있겠지만 아무래도 요새 애들은 속도도 딸리고 그러니까 PC방 가서 게임을 좀 해요. 그러면 혼자 가는 거보다 아빠하고 동생하고 PC방을 가서 셋이 나란히 앉아서 2, 3시간씩 이렇게 하는 걸 되게 좋아해요. 그리고 PC방 끝나고 나오면 마트나 들러서 아빠 이렇게 머리 희끗희끗 하면 염색약을 사갖고 동생하고 둘이 "아빠 흰머리 많이 생기는 게 슬프다"고 염색도 해주고 그랬어요. 그리고 준영이는 야구를 되게 좋아했어요.

면담자　　　예, 들었어요.

준영 아빠　　　초등학교 5학년, 한 4학년부터 친구들하고 그렇게 야구를 좋아했었고, 중학교 때도 3년 내내 그렇게 야구를 좋아했었어요. 특별하게 야구[부]가 전문적으로 있는 학교는 아니고 공부를 하면서 취미생활로 야구를 했어요. 안산이나 전국 어디 보면 유소년 야구팀들이 많이 있어요, 대학생이나 직장인들은 시니어 아마추어도 있고 그런데 안산에 이제 '강한 소년의 야구모임'이라고. 그

'강소야'라는 팀에서 주전같이 활동을 했었고, 고등학교 2학년 때까지 계속 야구를 했었어요. 그래서 애가 등치가 다른 친구들보다 어깨가 상당히 넓었고 공 던지는 게 보통 그 또래 애들보다 한 2, 30미터 더 날아갔었고요.

준영이는 생긴 게 여리고 마음이 그렇지만… 남자애들 보면 팔씨름이나 손아귀 힘 측정을 중학교 때 많이 해요. 근데 준영이가 중학교 다닐 때 전교에서 2등 정도 할 정도의 아귀힘이 있었어요. 그래서 친구들하고 서로들 힘자랑하고, 싸우는 애들을 이렇게 말리잖아요? 그러면 자기는 이렇게 붙어서 싸우는 게 아니라 친구를 이렇게 뜯어말리려고 막 잡으면 친구애가 그 압에, 악력에 의해서 "야, 야, 이거 놔. 너 왜 때려" 이러고서는 한 걸음 물러날 정도로 이렇게 힘이 좋았어요. 걔는 그럴 힘을 친구들하고 싸우는 데 이렇게 하지를 않고 스포츠, 뭐 야구나 이런 걸 통해서 풀고.

중3 때에는, 중학교 다닐 때는 애들이 8시 40분 정도까지 학교 등교를 하는데 애네들은 아침 7시에 가서 유니폼을 갈아입고 야구를 해요, 한 9명, 10명이. 그러고 나서 교복을 입고 이제 학업에 들어가요. 준영의 또래 석수중학교 애들은 아침마다 많게는 10명, 적게는 네댓 명이 매일 그렇게 운동한다고 소문이 날 정도였어요. 준영이가 고등학교 1학년까지 하고 강소야 팀을 정리를 했어요, 1학년 말에. 그리고 2학년 때도 그 팀에서 같이 부원으로 야구는 했지만 1학년 때 그만뒀었던 이유가 인문계고니까 공부를 해야겠다고. 아까 얘기했던 내신 1등급 상위로 올려서, 솔직한 얘기로 1등급까지 실력은 아니었으니까요. '2등급 초, 상에 올리면 그래도 인서울에서 SKY나 이런 데 빠지는 학교는 갈 수 있다'는 생각을 해서 1학년 말에 그 팀을 정리를 하고, 2학년부터 계속 공부에 매진했었던 거예요.

면담자 　　　그런 본인의 진로나 생활에 대해 보통 자기가 생각해서 하는 친구였어요, 아니면 부모님과 의논을 많이 하는 친구였어요?

준영 아빠 　　　어, 1차적으로는 엄마나 아빠의 얘기도 듣지만 본인이 이렇게 결정을 해요. 그래서 자기는 경기대 회계학과를 간다고 그랬어요. 회계학과를 졸업하고 공무원이 돼서 스포츠도 잘하는, 야구도 잘하는 공무원이 된다는 게 꿈이었어요. 그때는 크게 뭐 이렇게 하는 게 아니라 평범한 가운데 취미생활 하면서 엄마, 아빠하고 이렇게 같이 살고, 나중에 "돈 벌어서 집 사준다"는 이런 얘기도 하고.

　한번은… 자기가 석수중학교 출신이에요, 그 중학교에서 친구들하고 같이 게임을 하는데 모자를 안 가져갔어요. 그래서 전화를 받은 동생이 모자를 갖고 또 바로 쫓아가서 전해주고 이제 스탠드에 앉아서 구경을 하고 있으면, 엄마가 이제 운동하고 음료수 사먹으라고 몇천 원 준 거를 편의점 가서 아이스크림을 사서 먹이고, 자기가 쓰던 모자를 동생한테 씌워주고, 덥다고 한쪽에 있으라고 이렇게 동생을 보면서 웃으며 같이 운동하고 손잡고 집에 오고, 둘

준영 아빠 오흥진

이 사이가 되게 각별했어요. 준영이 엄마도 한 10년 동안 유통 쪽에 있었고, 저도 10년 이상 회사생활을 하다 보니까 뭐 집에서 애들하고 같이 생활하는 시간이 많이 적었어요. 그래서 둘이 너무 친했었고 일요일 되면 같이 사우나 가거나, PC방 가는 것도 되게 좋아하고. 일요일 친구들이 저녁에 부르면 만나서 이제 노래방도 가고 PC방도 가지만 엄마, 아빠하고 같이 생활을 보내려고 많이 노력을 했었어요.

면담자   평일에 많이 못 보니까 주말에는 엄마, 아빠랑 보내려고 했군요?

준영 아빠   예, 예. 그리고 제가 회사 특성상 야간일도 하다 보니까 못 보고, 엄마는 또 토요일이고 일요일이고 출근을 하거든요. 유통업체나 이런 데는 평일 날 직원, 아르바이트 하는 사람 구하고 일주일에 한 번씩 월요일이나 화요일에 쉬니까. 그러면 둘이 이렇게 하다 보니까 그렇게 유난히 더 친했었고….

면담자   남매가 대개 많이 싸우는데 부모님 맞벌이하고 바쁠 때 같이 지내면서 사이가 더 돈독해졌나 보네요.

준영 아빠   예. 그리고 동생한테 그렇게 잘했어요. 걔가 어릴 때부터 "내 동생, 내 동생" 하고 손잡고 다니고.

3
결혼과 안산 이주, 가족생활

면담자　　나이 차이가 2살 나는 거죠?

준영 아빠　　예. 2살 차이에요. 아, 제가 서울에 살았었어요. 서울 살다가 2000년도에 이제 안산에, 2001년돈가? 2000년도에 안산에 이사 내려왔어요. 준영이가 한 3, 4살 땐가 5살 땐가, 그때 안산 내려와서 왔고. 지금 제가 사는 집이 한 십몇 년째 살아요. 준영이가 2학년 땐가 이사 왔었고 ○○이 어린이집 다닐 때, 그래서 그 집에 대한 애착이 상당히 많아서…. 제가 처음에 사고 났을 때 준영이 엄마나 ○○이한테 "이사를 해볼까?" 그랬더니 동생이 그러더라고. 자기 어린이집 다닐 때부터 살아왔었던 집이고 오빠가 또 와야 될 집이고, 오빠하고의 추억이 너무 많은 집이라 여기서 계속 살자고. 그래서 지금 사는 집에서 앞으로 10년이고 20년이고… 또 이사 와서 아들이 10년 이상 살아 추억이 많이 담긴 집이어서… 못 벗어날 것 같아요.

면담자　　준영이가 고등학생 때도 엄마, 아빠와 사이가 좋았는데, 사춘기 때 힘들진 않았어요?

준영 아빠　　준영이요? 준영이가 사춘기… 그렇게 혹독하게 겪고 지나간 것 같진 않아요. 나름 내면에 그런 많은 것들이 있었겠지만 그걸 그렇게 막 표현하거나 이렇게 내놓지 않고. 엄마가 "준영아,

준영 아빠 오흥진

너 사춘기냐? 사춘기 안 와?" 그랬더니 우스갯소리로 그랬다 그러더라구요. "엄마, 사춘기한테 전화해 볼까?" 그러면서 자기의 그러한 거를 그렇게 표현을 안 했어요. 지금 생각하면 중학교 3년, 고등학교 1학년 때 혼자만의 시간을 많이, 저녁에 침대에 이렇게 기대서 핸드폰 뭐 친구들하고 얘기하고 조용해졌던 모습이, 애가 사춘기지 않았었나.

면담자   막 힘들게 하지는 않았네요.

준영 아빠   아, 그러지는 않았어요. 외려 더 살갑게 이렇게 다가왔으려나, 클수록. 엄마보다 이제 아빠를 더 이해하고. 그리고 자기가 아무리 바빠도 아빠가 "잠깐 나와서 차에 뭐 있으니까 꺼내러 가자" 그러면 그냥 반바지에 쓰레빠 차림으로 막 뛰어와 가지고 지 혼자 들고, 무겁다고. 집이 3층인데 자기가 이렇게 번쩍번쩍 들어서 올려주고, 회사 갔다 오면 "누워" 그러더니 허리도 주물러주고.

면담자   진짜 다정다감한 아들이었네요.

준영 아빠   예. 좀 다정했어요. 그리고 ○○이도 좀 많이 사춘기를 겪을 시기를 못 가졌던 것 같아요.

면담자   그러네요.

준영 아빠   중3 때 오빠 그리고 고등학교 올라가서 자기가 그러더라고요. 마음속에 '오빠가 다 못한 거 자기가 해야 되고 오빠 공부까지 자기가 해야 된다'는 생각이 있다고. 그렇게 지금도 하고 있

25
•
1회차

고, 그 ○○이 페이스북이나 카스|카카오스토리를 이렇게 눈으로 보면 글귀가 슬프고 가슴 아프게 올라와요. 한번은 "오빠가 아니고 나였으면"이라고 표현해요. 첨에 오빠가, 단원고 학생들이 별이 됐다 이런 얘기, 뭐 꽃이 됐다는 얘기를 많이 했는데 동생은 그런 거를 인정하지 않았어요. 왜 내 오빠가 별이 되고…. 동생도 한참 사춘기 겪고, 그 또래에 많이 돌아다니고 싶은데 그걸 싹 끊어놓고 지금 공부만 매달리고 있고, 참 안타까워요. 이제 내일모레면, 준영이도 이제 수능을 볼 텐데.

면담자 예.

준영 아빠 그래서 자기가 더 취미생활도 하고 성인이 돼서 하고 싶은 것도 많고. 그리고 준영이는 공군을 간다고 했어요. 공군을 선택했던 이유는 공군이 일반 육군이나 이거보다 시간적으로 여유가 많대요. 그래서 공군 복무 중에 공무원 시험을 봐서 그걸 패스를 하고 학교 졸업해서 한다고. 또 재주가 많아요, 컴퓨터 이런 거 다루는 거 보면 상당하고, 둘이 그렇게 자꾸 주물럭거려서 그런가 ○○이도 컴퓨터 다루는 솜씨가 자기 반에서 손가락 안에 든다 그러더라구. 학교 들어갈 때도 자격증 한 10개 정도 땄고요.

면담자 아… 예, 여러 가지 계획을 구체적으로 갖고 있던 친구라서…. 아버님, 2000년 혹은 2001년에 안산으로 이주했다고 하셨는데, 그럼 결혼하고 나서 준영이가 아주 어릴 때는 서울에 살았던 거네요?

준영 아빠   예. 제가 96년도에 결혼했어요. 96년 5월 달에 결혼을 하고, 준영이가 97년 4월 23일 날 태어나고 ○○이는 2년 후에, 5월 17일에 태어났어요. 준영이 태어났을 때가 서울 삼양동이라는 달동네 촌이에요. 거기 이제 방 한 칸에서 시작을 해서, 그 시기에 제가 건설회사에 다니고 있었어요. 그런데 IMF 시절이라 회사 경기도 많이 안 좋고, 그 상태에서 그냥 먹고는 살았지만 이렇게 남들같이 풍족하게 그렇게 살지는 않았어요. 그래서 준영이 어린 시절, 3, 4살 이때까지 있다가 이제… 저도 예전에 기획사라든가 많은 회사를 다녔지만 '더 나이가 들기 전에 자리를 잡아야겠다' 그래서 이제 안산으로 이사를 오게 된 거고.

　요번에 사고 나면서 사직서를 썼던 그 회사에 입사를 해서 오래 있었던 거죠. 그 회사가 대학 학자금까지 다 나오고 또 사원 아파트도 있고 그래서 둘이, 이제 준영이 엄마하고 같이 맞벌이 하며 열심히 해서 불과 몇 년 안 돼서 같이 집장만 하고. 이제는 예전 같지 않게 남한테 손 벌리지 않을 정도로 자리는 잡았는데 아이를 잃고 보니까 '왜 그동안 같이 있지 못하고 아등바등 살아야 해서 둘만의 외로웠던 시간을 줬나' 그런 생각에 가슴이 아파요. 그래서 제가 이렇게 가면, 고등학교나 대학교에 준영이 또래 애들하고 간담회 하면 항상 그래요. "서로 사랑하고 부모님들 졸라서 여행도 좀 같이 가서 많은 추억 [쌓고] 그리고 사랑한다 하라"고. 제가 왜 그런 얘기를 많이 못 했나…… 아니, 아무리 바쁜 삶이[더라도]… 그렇게 쫓겼나 하는 게 자꾸 밀물처럼 다가와요.

준영이를 데리고 와서 처음에는, 안산에 고등학생들을 못 봤어요. 특히 단원고 애들 보면 눈물부터 나고요. 그래서 단원고 학생들한테 작년 5월에 오해 아닌 오해도 받았어요. 제가 퇴근하고, 학교 앞에 보면 편의점이 있어요, 편의점에 앉아서 음료수 먹으면서 아들이 끝나기를 기다렸다가 손잡고 엄마 오는 쪽으로 같이 갔어요. 그래서 셋이서도 걸어오고 그랬다구요. 그 생각이 자꾸 나서 자신도 모르게… 49재 그때 지나고 학교 앞에 편의점에 앉아서 음료수를 마시다가, 학생 애들이 이렇게 내려오잖아요. 또래는 아니지만 교복을 입은 애들이, 머슴아도 있고 여자애들도 있잖아요. 멀끔히 이렇게 쳐다보다가 눈물을 뚝뚝 흘리니까 남학생 애들은 "저 아저씨 뭐야?" 이러고 가는데 여학생 애들은 이렇게 자꾸 쳐다봐요. 그리고 딸내미 생각이 나니까, 또 준영이 동창, 그러니까 동창이 아니라 중학교 같이 다녔었던 애들도 제가 알잖아요. '어, 이상한 아저씨'라고 자꾸 쳐다봐 갖고, 그거를 한두 번인가 느끼니까 학교 앞 거기에서 이제 차에 먼발치에서 학교만 쳐다보고 있었어요. 지금도 학교 가면 자꾸 그 생각이 나가지고요, 자주 못 가겠더라고요.

면담자   예, 그렇죠. 어머니와 연애하셨던 거세요?

준영 아빠   아니요, 소개로.

면담자   아, 소개로 만나신 거구나.

준영 아빠   지인의 소개를 받아갖고요. 짧은 시간에 결혼했구요. 준영이 엄마하고는 나이 차이가 9살 이렇게 나요. 그래서 준영이 엄마는 올해 이제 46살? 그래서 제 나이에 비해서는 준영이가 늦은 거고 준영이 엄마에 비해서는 어, 26살이었으니까, 27살에 낳았으니까 많이 늦지는 않았지요.

면담자   원래 아버님 본가가 서울이었어요?

준영 아빠   예. 저는 원적지 그러니까 할아버지, 아버지 고향은 충북 청원군 현도면이에요. 그래서 군대 갈 때도 청주에서 신체검사를 받았고요. 태어난 곳은 서울 이촌동, 일단 고등학교까지 12년 동안은 서울에서 학교를 다녀갔고요. 시골에서, 시골이라고 하죠? 시골에서 살아본 적은 없구요. 준영이 엄마는 진천이에요.

면담자   아, 충북 진천이죠?

준영 아빠   예. 진천에서 태어나서 고등학교까지 졸업을 했어요.

면담자   직장생활 하시다가 소개받으셨어요?

준영 아빠   예. 준영이 엄마는 따로 직장이 있었고, 저는 또 서울 아까 얘기했었던 건설회사 대리로 있을 그때 만났고요. 소개로 만나서 짧게, 그러니까 긴 만남은 아니었지요. 제가 나이가 있으니까 오랜 시간 이렇게 교제하진 않고 자연스럽게 결혼까지 해서, 그 다음 해에 준영이를 가졌던 거지요.

4

20대에 참여했던 사회운동과 직장생활

면담자   아버님, 실례일지 모르겠는데 결혼이 왜 늦으셨어요?

준영 아빠   저요? 어, 제가 이런 얘기까지는 좀 그렇고요. 80년
도 중반부터 데모판이라고 그러죠? 결혼할 때까지 그쪽에서 좀 생
활을 했었어요.

면담자   아… 그럼 학생운동 쪽이셨어요, 아니면 노동운동
쪽이셨어요?

준영 아빠   뭐 조통[조국통일범민족연합] 쪽에.

면담자   예? 아, 범민련이요?

준영 아빠   제가 84년도 제대했어요. 제대하고 80년대에 성당
활동을 했어요. 80년도에 세례를 받고 성당에 있는 친구들하고 같
이 단체활동을 해서 그 바깥에 서울지역 청년들하고 전국 청년들.

면담자   가톨릭 단체에서 통일 사업에 관여를 하셨던 거세요?

준영 아빠   예전에 이제 한청협[한국민주청년단체협의회]이라고.

면담자   예, 있었지요.

준영 아빠   이제 서울지역 청년단체의 한 단체로 [묶인 거지요].
결혼 전까지 있다가, (기침) 물 좀 먹고 미안합니다.

면담자　　　아니에요. 저도 마실게요. 천천히 하세요.

준영 아빠　　그다음에 91년, 92년, 93년 그때 제가 직장생활 하면서 돈은 많이 벌질 못했어요, 왜냐하면.

면담자　　　활동을 같이하셨어요?

준영 아빠　　예. 그 당시에 이제 그 신촌에 '여럿이 함께'라는…. 그 '여럿이 함께'에서 일했었구요. '한라'에서도 일했었고, 한청협 후원사업 '벗'이라고, '벗'에서도 있고. 그러다 보니까 우리 선생님도 잘 아시겠지만 활동과 연계된 곳에서 일을 하다 보니까 경제적으로 풍부하지가 않잖아요? 96년도에 결혼을 하고 나니까, 저도 밀어주는 집이 그렇게 빵빵하지 않으니까, [사회운동을] 접고 준영이 엄마하고 같이 안산으로 내려가서 돈 버는 데만 매진한 거예요. 그러다가 이제 이렇게 사고를 맞아서.

면담자　　　아, 그러네요. 아버님들 인터뷰를 해보면 가끔 노동운동을 하다가 이렇게 됐다거나 하는 얘기를 해주세요. 아버님, 성당에 다니다가 관심을 갖게 되셨는지, 아니면 제대하기 이전에 어떤 계기가 있으셨는지요?

준영 아빠　　평상시에 사람은 머릿속에 그러한 생각을 갖고 있고, 기회가 돼서 표출이 되잖아요. (기침) 제가 86년 이후 87년, 이후로 88년, 미아동성당을 다녔는데 그 당시 '5·18 광주 사진전' 하고 '5·18 광주 비디오' 상영을 신부님이 막은 거를 뚫고 해서 성당에서 미움을 많이 사서 빨갱이라는 얘기까지 들었어요. 어, 그렇게 하다 보니까 주변 많은 사람, 후배들을 알게 되잖아요.

면담자   진짜 '광주'에 영향을 받은 분들이 많네요. 그럼 죄송한데 혹시 출생연도가 어떻게 되세요?

준영 아빠   62년이요.

면담자   예. 알겠습니다. 그러면은 어머님과 결혼하고 난 다음에는 활동을 그만하고 이제 가정을 책임져야 되겠다, 그렇게 마음이 바뀌신 거잖아요. 진짜로 어머니의 영향이 크셨나 봐요.

준영 아빠   아, 꼭 그것만은 아니고. 준영이 낳고 ○○이 낳고 그러니까 '살아야겠다' 그래서, 결혼하면서 동시에 놓은 것은 아니고 서서히 떨어졌어요. 이후에 준영이 엄마랑 얘기를 하다가 이런 얘기가 나올 수도 있을 거예요. 준영이 임신하고 있을 때 시위 현장에서 최루가스를 먹었었어요.

면담자   어머니도 그럼 집회에 좀 참여를 하셨나요?

준영 아빠   아뇨. 생각은 같이 갖고 있었지만 남편 따라갔죠. 좀 그런 게 있어서 준영이 엄마도 이렇게 빠지지는 않고 항상 더불어 살라고 했어요. 심지어 그 현장, 시위 현장에서 주머니에 있는 10원짜리까지 다 털어서 우리 후배들, 친구 애들 김밥이고 뭐 있잖아요, 다 퍼주고 집에 갈 차비가 없어서 버스표 한 장 얻어갖고 둘이 집에 온 적도 있었어요.

면담자   이때 같이 활동하셨던 친구분들은 안산 이주하셔서도 계속 관계가 유지되셨어요?

준영 아빠   예, 예. 친한 사람들은 몇 년에 한 번씩 만났지만 현장에는 나가지 않았어요. 이번에 아이를 하고[참사로 잃고] 나서 친구들한테 연락은 많이 안 했었어요. 왜 7월 달에 광화문에서 단식할 때, 제가 단식했었거든요. 광장에 앉아 있을 때 서로를 알아보고 찾아온 사람들이 많아요. 저를 보고 "예전 후배"라고….

면담자   알아보시고.

준영 아빠   그래서 이제 연락이 많이 돼서 같이 간 거예요. 어제도 거기 총궐기 갔더니 예전에 같이했던 사람들, 인사들은 했는데 제가 그 사람들한테 대놓고 얘기는 안 해요. 지금 회피를 해요. 이 일이 아니었으면 가서 인사를 했을 텐데, 아이의 아픔을 갖고 그 사람을 만나서 "벽을 넘자"라는 얘기를 하기가… [자식 잃은] 부모의 입장으로 못 하겠더라고요. 정말 철저하게 나쁜 정권이라는 거는 알고 있고, 확실하게 싸워야 되는데 자식을 안고 가서 제약이 좀 있어요.

그리고 아이를 키우는 부모라 우리 어린 학생들이 현장에 나와 있을 때 제가 아이의 슬픔, 아이의 그거를 안고 가다 보니까 그 아이들이 너무 차벽에 부딪쳐 있을 때 아프더라구요. 앞에 서 있는 애들한테 "좀 뒤로 오면 안 되겠니?" 그게 어떻게 보면 그런 활동이 걔네 경력에 걸림돌이 될 수도 있는데 그런 거 보면 부모니까 되게 막 아파요. 그런데 이런 일이 만약에 없었으면 같이 손잡고 더 부수겠죠.

면담자　　　그렇죠. 성당 활동은 계속하셨어요? 안산으로 오신 후예요?

준영 아빠　　　예. 아, 준영이 엄마는 성당… 준영이 엄마는 그 당시 개봉동 살았구요, 예전에 성당 다니며 [주일학교] 교사 했었구요. 그리고 저는 청년회 회장도 하고 한참 그 시기에는 좀 많이들 하잖아요. 주일교사도 해봤었고, 나름대로 열심히 다녔지요. 그런데 작년 4월 이후 안 갔어요.

면담자　　　아….

준영 아빠　　　신이 있었으면 내 아들 살렸을 텐데. 준영이가 4월 이 일 있기 전에 한 2, 3년 전부터 성당을 안 갔어요. 안 간 이유가 물어봤더니 "고등학교 형들이 뒷산에서 담배를 펴갖고 형들 보기 싫어서 안 간다"고 그래요. 한 2, 3년 성당을 안 다녔어요.

면담자　　　준영이와 ○○이도 어릴 때는 같이 활동하다가?

준영 아빠　　　예, 예. 준영이하고 ○○이하고 유아세례받았어요. 그리고 초등학교 3학년 때 첫 영성체 하고 주일학교 [다니고]. 주일학교에서 준영이 너무 열심히 다니다 보니까 개근상도 주더라고요. 걔는 뭐에 이렇게 꽂히면 끝을 봐요.

면담자　　　열심히 하고 굉장히 근면 성실하고, 딱 그런 학생이었을 것 같아요.

준영 아빠   학교에서 이래요. 선행점수 이런 게 엄마한테 문자로 와요. 내용을 알고 보면 "친구 싸우는 거 말려줬다", 그리고 또 "누가 친구를 괴롭힌다 해서 그거를 말렸다". 그래서 준영이 엄마가 준영이한테 그랬어요. "야, 너무 그러지 마라. 너 나중에 다른 친구들이 해코지하거나 데려다 때리면 어떻게 하냐?" 그랬더니 준영이가 "친구 일이고, 그건 나쁜 거 아니냐?"고. 학교에서 소문났어요.

면담자   안산에 오신 다음에 직장생활 하셨는데 혹시 회사 안에서, 예를 들면 노동조합이라든가 이런 활동도 좀 있으셨어요?

준영 아빠   저희 회사는 한국노총 계열이에요. 한국노총이지만 그 안에서 있으나 없으나 한 [노조]간판만 있는 회사고, 그 안에서 준비돼 있는 사람들은 아무도 없었고요. 그 위원장… 아, 얘기하면 워낙 당나라조직 이래서요. 위원장도 술만 드시고, 일주일에 한두 번 나오는…. 그 안에서 내용되는 것들은 없어요.

면담자   아버님 원래 좀 그런 활동이나 이런 거 많이 보셨잖아요? (준영 아빠 : 예, 예) 근데 직장생활 하시면서는 전혀 개입하지 않고 그냥 직장생활만 하셨던 거죠? (준영 아빠 : 예) 혹시 그 이유가 있으세요? 직장에서 어떤 조직 활동이나 이런 거를 따로 시도하지 않으셨던 게….

준영 아빠　　　그런 거는 없구요. 회사에서 그냥 사람들이, 그리고 또 공단의 한계성이, 저보다 나이 많은 사람들이 더 많아요. 그리고 정년퇴직한 사람들이 촉탁으로 연장근무하시는 분들이 많고 젊은 친구들이 없어요.

면담자　　　고연령 환경이다 보니까….

준영 아빠　　　예, 예. 그러다 보니까 현실적인 얘기, 공단에서 이제 금속노조라든가 이런 민노총 같은 얘기를 하면 그 자체를 외면하죠.

면담자　　　워낙 옛날 방식대로 생각하시니까….

준영 아빠　　　예, 그러다 보니까 그러한 얘기가 형성이 안 되는 거예요, 자체가. 그리고 이제 좀 젊은 친구들, 30 말, 40 초반 친구들은 자기를 지키기 위해서 그걸 거부를 하는 거죠. 거부를 하면서 그 회사 노총 안에 뭐 부위원장이라는 자리를 맡아서 일을 아예 안 하는 거죠, 막는 거죠. 그래서 준비되는 것도 없고 받는 것도 없죠. 그냥 현실에 그대로 묻어나가다가.

면담자　　　이번에 4·16 참사 겪고 나서 직장을 그만두셨다고 하셨어요. 직장 내 분위기는 어떠셨어요? 예를 들면 주변 분들이나 회사 동료들의 반응 같은 거요.

준영 아빠　　　어, 이제 아이 그러고 나서요, 제가 49재 있잖아요? 49재 지나고 회사에 출근을 했어요. 저는 공무팀 소속이에요, 기계를 고치는 사람이에요. 생산을 하는 사람이 아니라 기계를 고치는 사람이라, 기계를 고치는데 기계를 뜯어놓고 나서 다시 정상적으로 조립을 하라고 그러는데, 그 순서가 머리에 안 올라오는 거예요. 평상시 10년 이상을 만졌던 기계인데 어, 생소해지고 앞이 뿌옇고 어떤 걸 먼저 해야 된다는 순서를 깜빡깜빡 잊어버리고, 앉아갖고 넋 놓은 사람마냥 있다가 나가서 담배만 피고, 일하는 시간이 1시간이면 담배 피는 시간이 30분이고, 한숨을 내쉬는 시간이 한 20분 됐어요. 한 일주일 정도 그렇게 있으니까 공장장이 그러더라구요. "시간을 갖고 다시 출근을 하라"고.

그 이후에도 3일, 4일 계속 한 3, 4번 출근을 했었는데 [일이] 다 가오지를 않더라고요. 그리고 그런 뒷담화 얘기가 들어오더라고요. 회사에서 같이 친하게 지냈던 사람들이고, 동생들이 그런 얘기를 하더라구요. "얘 그리고, 뉴스 보니까 보상액이 상당히 많은데 뭐 하러 이렇게 지저분한 데 와서 일을 하냐. 그냥 그거 받아서 가게나 하면서 깨끗이 살지, 뭐 또 공장에…". 가장 친했던 사람들이, 같이 소주잔을 기울였던 사람들이 뒤에서 그런 얘기를 하더라구요. 그러고 나니까 일보다 어, 그게 더 많이 힘들어지는 거예요. 그런 상태에서 중간에 또 가고, 회사 공장장 만나서 최근의 얘기하고, 또 한국노총이지만 위원장한테도 내 입장 얘기해 주다가, 한 1년 됐어요, 올 3월에 수술을 했어요. 허리디스크 수술을 해서 못을 박아놨어요. 못 박고 나니까 이제 뭐 1년은 재활치료를 해야 되잖아요. 그래서 회사에 더 이상 누를 끼칠 수가 없고, 그 당시 수술을 하게 되다 보니까 수술비만 1000만 원 이상 들어요. 그래서 회사에 상의를 해서 4월 16일 기점으로 사직서 냈어요. 퇴직금 정산된 거로 수술비 하고 나을 때까지 치료비를 해서, 나으면 다시 그 회사에 얘기를 해서 복귀를 하든 아니면 다른 업종을 선택하든. 그래서 그 회사를 나중에 들어가면 조건부가 되더라구요. 기존 연봉에서 20프로, 1차 이제 사직서를 냈기 때문에 회사 규칙상 그런다고 하더라구요. 지금은 집에서 근력운동 하고 있구요. 수입은 실업급여 하고 퇴직금으로 생활하고 있고요. 그리고 지금 알려진 부분은 소송을 제기를 해놓은 상태구요.

면담자　　민사 말씀하시는 거죠? 손해배상소송.

준영 아빠　　그리고 아이는 핸드폰이나 보험, 이런 거는 아직 그 상태 그대로. 핸드폰 요금 같은 경우에도 요금제를 바꾸잖아요, 시간이 오래 흐르다 보니. 요금제도 안 바꾸고, 핸드폰이 있잖아요, 아직, 이제 갖고 있으면 되니까요. 아이 보험이고 사망신고도 전혀 안 한 상태고요. 항상 같이 있는 거… 근데 "주민등록증 만들라"는 통보가 동사무소에서 안 나와요.

면담자　　안 나와요?

준영 아빠　　안 와요. 그러니까 벌써 사회에서는 다 인정을 한 거죠, 결국.

면담자　　파악을 다 한 거겠죠.

준영 아빠   조금 더 지나보면 알겠죠. 요번에 학교 졸업하고, 앞으로 1년 후에 영장이 나오나 안 나오나 보면 알겠죠. 왜냐면 사망신고를 안 한 상태니까.

면담자   아버님, 형제자매나 친척들이 계시잖아요. 4·16 때 친척들 많이 와서 같이 관여를 하셨는데, 아버님은 어떠셨어요?

준영 아빠   저기 4월 16일에 세월호 참사 나고요, 거기 있을 때 친척들이 왔었어요. 왔다 가고 형도 왔다 가고. 기본적으로 가장 가까운 친척들은 왔다 갔어요. 〈비공개〉

면담자   어머니 몸은 좀 괜찮으셔요?

준영 아빠   〈비공개〉 몸이 많이 망가졌어요. 준영이 엄마가 한 12년 전에 디스크 수술을 했어요. 그랬다가 이번에 이렇게 되면서, 팽목에서, 여의도 의사당에서 그 찬 바닥에서 많이 자고 걷고 하다 보니까 디스크도 재발하고요. 팽목에서 아이들이 하나하나 올라올 때마다 자갈밭으로 뛰어다니다가 다리를 다쳤어요. 그래 [가지고] 그게 아직도 있어요. 인대가 늘어나서 너덜너덜, 끊어진 거는 아니구요. 그래서 지금도 계속 절뚝거리고, 허리도 아프고, 광화문 가고 사람 만날 때마다 계속적으로 다 [통증이] 있어요. 그 청운동이고 어디고 피켓 들러 다니구요.

면담자   ○○이와도 자주 얘기하세요?

준영 아빠   예. ○○이하고 셋이, 오빠 얘기를 자주 해요. 저희 집에 오시면 리본이 한 100개쯤 달려 있을 거예요. 준영이 엄마가 그래요. 길을 가다가 아이 욕하면 집에 와서 눈물을 뚝뚝 흘리면서 리본을 하나씩 달아, 스티커 하나씩 붙이고.

면담자   예, 집에다 어머니가 만드셔서 다는 거죠?

준영 아빠   예. 그리고 나누어주신 분들 거를 붙이고.

5
준영이의 중고등학교 시절

면담자   준영이가 어떤 아이가 되기를 바라셨어요? 키울 때 교육관이 있으셨을 텐데요.

준영 아빠   준영이요? 특별하게 이렇게 앉혀놓고 뭐가 되라, 뭐가 되라 그런 건 아니지만 생활 속에서 "상대방을 이해하고 배려해주는 사람이 되라", 그리고 사람 괴롭히거나 쉽게 얘기해서 왕따 이런 거 절대 하지 말고 친구가 소중한 거 항상 가슴에 안고 살라고 했어요.

면담자   중학교 때 준영이 친구들과 다 원만한 관계였어요? (준영 아빠 : 예) 원래 중학교 친구 중에 단원고로 진학한 친구도 있고 그렇지 않은 친구도 있잖아요? 준영이는 어떤 편이었어요?

준영 아빠   준영이가 고등학교 앞두고 자기가 야구를 좋아해서 처음에는 안산공고나 이런 쪽으로 간다고 그랬어요, 야구를 더 한다고. 또 디미고[한국디지털미디어고등학교] 가서 취미생활을 더 하고 싶었던 그런 마음도 있었어요. 그러다 엄마하고 얘기를 하는 과정에서 대학이라는 부분, 공부를 해야 된다고 해서 단원고를 갔어요. 선택해서 단원고 갔을 때 그런 게 좀 있었어요. 결국은 저나 엄마가 "공부 좀 더 열심히 해야 된다, 인문계에서 공부를 해야 된다" 그래서 처음으로 자기 [의지가] 꺾였고. 지금 생각하면 거길 보냈어야죠.

면담자　　단원고에 간 친구들 많았나요, 중학교 때 친구들?

준영 아빠　　석수중학교에서 올라온 친구들은 단원고 애들 그렇게 많지가 않아요. 단원고는 단원중학교 이쪽에서 많이들 올라왔구요. 제가 알기론 석수중학교에서는 10명 정도요? 그리고 준영이 친구, 생존한 여자애가 있어요. 중학교 3학년 때 같은 반이었고, 걔는 2반 생존 학생이죠. 걔가 요즘도 가끔 와서 준영이 책상을 닦아주고 그런대요, 한 달에 한두 번. 그래서 책상에 먼지가 없대요. 그래서 다른 부모님들이 그래요. 준영이 엄마, 아빠는 잘 안 오는데 준영이 책상이 깨끗하다고. 그렇게 닦아주는 그 친구가 중국어를 되게 잘했어요. 준영이는 수학이나 이쪽을 되게 잘해갖고 걔가 준영이한테 외국어를 가르쳐주면 준영이는 그 친구한테 수학을 가르쳐주고. 그리고 준영이 예전 카톡이나 이렇게 보면 친구들은 "야, 오늘 뭐 하고 놀래? 어디 PC방 갈래?" 그러면 "나 요번에 시험 봐야 돼. 공부해야 돼" 이런 글을 많이 올리고 그랬어요. 고등학교 1학년, 2학년 때 공부에 매진할라고 노력을 했던 거예요.

면담자   부모님과 얘기해서 결정하고 난 다음에는 충실히 따르려고 했었군요. (준영 아빠 : 예, 예) 준영이가 2학년 같은 반 친구들하고 친했어요? (준영 아빠 : 지금 단원고등학교요?) 예.

준영 아빠   같은 반 친구들하고도 사이가 되게 좋았어요. 그리고 5반 애들, 1학년 때 같이 올라왔었던 친구들이 몇 명 돼요. 걔들하고도 사이가 되게 좋았다고 그러더라구요. 이번에 아이들이 이렇게 됐을 때 석수중학교 친구 애들이 네 명, 다섯 명이 같은 방으로 들어갔다 못 나왔어요. 한별이니 석준이니 얘들이 5반이에요. 얘네들하고 같이 방으로 들어갔다 그러더라구요. 그리고 친구 애들 보면 1학년 때도 5반에 같이 짝 했었던 친구들이고, 1학년 때도 말다툼 한 번 안 했다고 그러더라구요. 그리고 단원고 애들이 그렇게 많이 싸우는 게 없는 거 같아요.

면담자   그 얘기 많이 하시더라구요.

준영 아빠   예. 1학년, 2학년 되면 서로들 힘자랑하고 이러는데 그러는 애들이 그렇게 많지가 않아요.

면담자   아버님, 혹시 준영이 중학교나 고등학교 다닐 때 좀 알고 계시던 학부모님들이나 학교 선생님들 있으세요? 상담 같은 거 있으면 주로 어머니가 가셨나요?

준영 아빠   예. 그리고 준영이 엄마도 중학교 때 그렇게 많이 못 갔어요. 왜냐면 아까 얘기했듯이.

면담자   직장생활을 하시니까.

준영 아빠   예. 좀 경기 좋을 때는 학생들을 데리고 일을 하죠. 근데 또 경기 안 좋으면 아낀다고 이제 혼자 하죠.

면담자   시간이, 계속 계셔야 되니까.

준영 아빠   그리고 그런 데는 월별 쉬는 날이 없잖아요.

면담자   예. 그렇죠.

준영 아빠   바쁠 때는 자기가 직접 하고, 한산할 때 이제 하루씩 쉬는 거죠. 그러다 보니까는 고등학교에 이렇게 찾아가 보지도 못하고. 준영이 선생님은 1년에 한 번은 뵀죠.

면담자   단원고등학교에 야구동아리는 없었던 거죠?

준영 아빠   예. 야구동아리 없어요.

면담자   정말 고등학교 때부터는 학교 공부에 매진했었던 거네요.

준영 아빠   예, 예. 그래서 1학년 때는 그 학교에서 한 게 아니라 자기가 이제 [장비] 메고 팀에 가서 친구들이나 선후배들하고 같이 하고. 준영이 그렇게 되고 나니까 안산지역팀 애들이 다 이렇게 오고, 준영이 팀 같은 경우에는 감독이 사고 나고 왔어요. 모든 일정을 취소하고, 경기 일정이나 연습 일정을 싹 취소하고 왔어요.

6
4월 15일 출발 전에 대한 기억

면담자　수학여행이 결정됐잖아요. 근데 결정할 때 학교에서 부모님들한테 설문조사 같은 걸 했다고 들었는데요.

준영 아빠　아, 수학여행 가는 거요? 예. 그 수학여행지 결정이 이제 제주도로 났고 제주도를 배편으로 가냐, 항공편으로 가냐라고 사인을, 아마 준영이 엄마가 배편으로 적었을 거예요, 항공이 아니고. 배편으로 썼을 때는 준영이 타는 배가 뭐 위험하다 이런 생각은 안 했어요. 그리고 준영이가 중학교 때 일본도 갔다 왔어요, 8박 9일인가. 우리 준영이, ○○이가 둘 다 초등학교 때부터 컵스카우트라는 그 단체 활동을 했어요. 그 옛날 왜 걸스카우트, 보이스카우트가 컵스카우트로 하나로 됐어요. 준영이가 중학교 때 '안산 컵스카우트 일본 문화 탐방'이라고 해서, 여덟 명인가 아홉 명 갈 때 제가 보냈어요. 그때도 준영이가 배를 타고 갔어요. 부산에서 배 타고 갔고, 뭐 잘 갔다 왔으니까. 그리고 얘네들이 배를 타고 갈 때 그 안에서 '1박 2일'이라는 TV프로그램을 많이 응용을 했어요, 불꽃놀이 한다… 그래서 준영이 같은 경우에도 "이게 훨씬 낫다"고 해서 배편에다가 준영이 엄마가 사인을 했어요.

준영 아빠 오홍진

근데 그 당시에는 그 배가 세월호가 아니고 오하마나호였었다고 그러더라고요. 그랬다가 당일 날 세월호로 변경이, 그래서 이후에 진상 규명 차원에서 '세월호로 바뀌었던 게 그렇다' 그러더라구요. 취항하는 게 월, 화, 수, 목, 금, 토 6일이잖아요. 월수금은 오하마나호가 가고 화목토는 세월호가 가는데, 단원고가 가는 날 배가 세월호라서, 세월호로 바뀌었다는 말이 있더라고요. 그거는 물론 조사사항이 됐으니까 이후에 밝혀지겠지요. 저희는 그때 당일 날 배가 넘어갔을 때 세월호가 넘어갔다고 그래서 생각을 안 했어요. '애들이 오하마나호를 탔을 거다'라는 생각을 했고, 인천항에서 늦게 출발한 것까지 알았었어요. 그리고 준영이가 전날 전화를 엄마하고 통화를 할 때 엄마한테 "야, 안개 끼고 이래서 갈 수 있냐?" 그랬더니 "엄마, 일본 갈 때는 이거보다 배가 작았어. 걱정하지 마" 그랬대요.

면담자　　　　출항하기 전에 엄마랑 통화를 했었던 거네요, 준영이가?

준영 아빠　　　예, 예. 그리고 저한테도 문자를 보냈어요, "잘 가고 있냐, 뭐 어떠냐?"고. 근데 "아직 안 가고 있다"고 그래서 보냈더니 "제주도 감" 이렇게 문자가 왔어요. 제 핸드폰이, 지금 요 폰이 네 번째 초기화가 됐어요. 그래서 많이 없는데 예전 폰에 보면 단원고 등학교에서 "전원 구조" 보도라든가 아이가 보냈었던 카톡 내용이 있거든요.

면담자   예. 그날 학교에서 수업을 다 마치고 출발을 했다 들었거든요. (준영 아빠 : 예, 예) 그런 일정도 미리 사전에 학교에서 공지가 되었던 거죠?

준영 아빠   예. 그거는 알고 있었어요. 수업 끝나고 책가방 놓고 캐리어 끌고 제주 가서 수학여행 일정을 한다고 얘기 들었었어요.

면담자   준영이는 수학여행을 많이 기다리는 편이었어요? 가고 싶어 하고 기대했었나요?

준영 아빠   아, 예. 나름 많이 기대했어요. 왜냐하면 준영이 또래 애들이 중학교 때 수학여행을 못 갔어요. 왜냐면 사스인가, 신종플루, 그 애들이에요. 여행을 못 갔었던 친구들이 많아요. 그래서 수학여행에 대한 기대감이 많았었어요. 그런데 당일 날 출항 여부를 놓고 선생님들하고 학생들하고 회의를 했었다 그러더라구요. 선생님하고 반장 모임도 했었고, 근데 많은 친구들이 안개 끼고 그러지만 요번에도 수학여행을 못 가면 못 간다라는, 그래서 다수가 찬성을 했었는지 수학여행을 갔구요.

면담자   일단 날씨가 안 좋으니까 학교 내부에서 연기하자 내지는 배에서 나가자라는 의논이 있었던 거예요?

준영 아빠   그 당일 날 인천에서 출항할 때에 결정적으로 그거를 갖고 있었던 거는 교감선생님이고 어, 지금 살아남은 선생들이잖아요. 그 사람, 교감선생님은 그렇게 됐으니까 물어보질 못하고,

준영 아빠 오홍진

살아남은 두 분 선생이 그런 거에 대해서 얘길 안 하고, 입을 닫고 지금도 어디에 계신지 모르잖아요. 또 당시 교장이었거나 그거를 준비했었던 모든 사람들이 속 얘기를 안 하고 있구요. 교육청에서도 얘기를 안 해요. 그래서 이제 저희 부모들이 그거를 조사 신청 대상에 집어넣어서, 특조위가 조사를 해야만이 결과가 나오는데요, 당일 날 그랬었다 그러더라구요. 그 8시, 그러니까 [밤] 9시 조금 못 돼서 출항이 됐잖아요. 가시거리 1킬로미터 안이면 못 나가요. 근데 그때는 뭐 600미터, 700미터도 안 나온 상태에서 출항을 했었고. 늦은 이유가 꼭 안개만은 아니라 화물을 싣느라고 늦게 출항했다 그러더라구요.

그래서 그 출항 여부를 놓고 학교 측하고 통화를 했었고, 선생님들은 반장들을 모아서 회의를 했고, 또 학생들하고도 회의를 했대요. 근데 나왔던 내용이 아까 얘기했었던 "안 가면 어쩌나" 그런 얘기, 그리고 "출항이 늦고, 못 간다" 그러니까 학교에서는 그러면 다시 되돌아올 수 있게 여행사에 연락을 해서 차를 보낸다 그래서 대한여행사에 전화를 했대요. 근데 대한여행사도 금방 차 수배가 어려우니까 수배되는 대로 인천으로 내려가겠다 그랬고. 그리고 대한여행사가 차가 준비돼서 인천항으로 보내겠다 그랬더니 그 인천에서는 "출항했다"라고 통보가 와서 대한여행사의 버스가 다시 되돌아왔다는 얘기가 있더라구요. 그리고 또 궁금한 거는 단원고하고 청해진, 대한여행사의 관계도 그렇고 왜 그렇게 강행을 해서 출항을 했나, 그렇다면 '그 안에 사전 비리가 없지 않아 있었을 것'

이라는 게 밝혀져야 될 일이라, 속단은 금물이라.

면담자   아버님도 약간 시간이 지나면서 '학교에 책임질 부분이나 진상 규명될 부분이 있다'라고 생각하시는 건가요?

준영 아빠   예. 당연히 해야죠, 예. 그리고 4반 선생님 같은 경우에는 뭐 많은 분들 얘기 들었지만 책임지지 못할 말을 하고 지금 잠적해 버렸고, 10반 선생은 당시 자기가 탈출한 상황을 다 알았을 텐데 뭐 화장실에서 30분 동안 변비 때문에 앉아 있다가 엉겁결에 구조됐다 이렇게 표현하고 가버리잖아요. 그래서 10반 선생 병원에 있을 때 10반 부모님들이 찾아가서 진위 여부에 대해 얘기해 달라고 그랬더니 아들이 "이게 도대체 뭐 하는 짓이냐"고 실랑이도 벌이고 신체접촉도 있었다 그러더라고요. 최소한 자기 제자들의 그러한 일에 대해서 뭐 털끝 하나 없이 얘기를 해줘야지요. 자기가 아는 만큼은 다 해야죠. 근데 그런 선생을 또 학교에서는 뭐 표창까지 한다고 얘기했었던 거 같아요.

면담자   생존자 선생님들이요?

준영 아빠   예, 10반 선생님. 교직생활 한 만큼 대통령 표창이니 뭐 국무총리표창이니 그런 거 내린다 그래서 많은 선생들이나 우리들이 "그럴 수 없다! 아이들을 놓고 온 선생이 뭔 자격이 있다고…".

면담자   아버님은 그래도 아이들보다는 꾸준히 성당 활동 하셨어요, 4·16 이전에?

준영 아빠   예전에는 좀 많이 다녔죠, 다녔는데….

면담자   저기 선부동성당을 다니셨나요?

준영 아빠   선부동, 그러니까 저희가 처음 안산에 이사 왔을 때 선부동 살았었어요. 선부3동, 선부중학교 위쪽으로, 그 집에서 한 3년 정도 살다가 지금 사는 집으로 이사 들어온 거예요. 그래서 준영이가 선부동성당에서 세례받고 그랬죠. 첫 영성체는 와동성당에서 했어요. 선부동성당 다닐 때 준영이가 주일학교도 열심히 다녔고. 성호 엄마 있죠? 준영이가 성호하고도 친구예요.

면담자   아, 그렇죠? 성당 같이 다녔겠다.

준영 아빠   그리고 제훈이라는 애도 있어요. 걔는 어린이집 다닐 때부터 친구였었고. 요번에 이렇게 된 아이 중에 하나는 준영이 4살, 5살 때 흙장난 하던 친구도 있구요. 동네 조그마할 때부터, 어린이집 다닐 때부터 친구들이었어요. 그리고 아시다시피 초등학교, 중학교 다 동창이거든요. 그리고 단원고가 그해 처음으로 뺑뺑이 했었잖아요. 그래서 지망에서 근거리 위주 학교로 평준화되는 과정이었어요.

면담자   아, 지원이 아니었어요?

준영 아빠   아, 그러니까 그 학군에 근거리 위주로 지원을 해요. 그래서 실력 이런 게 평준화니까 1차 원곡고등학교, 2차 단원고등학교, 또 어떤 친구들은 1차 강서고등학교, 2차 단원고등학교 이렇게 지망을 해서 지망 학생 인원수에 맞춰서 거기에 꽉 차면 2지망 학교로 넘어가고. 준영이는 1차 단원고등학교 했는데 떨어져 버렸어요. 그래서 그게 이제 3지망까지 되고 학군 넘어가는 [쪽에서] 또 지원을 해요. 그러면 자기가 쓴 학교에서 정원 차면 그다음 학교, 그다음 학교, 그게 이제 근거리 위주죠. 그래서 요번 단원고등학교 아이들 250명 희생된 애들이 학교 주변 와동, 선부동, 고잔1동이 99프로잖아요. 그게 가장 근거리라 그래요. 상록구 애들이 없잖아요, 단원구만 있잖아요.

면담자   예, 그렇죠.

준영 아빠   거의 애들이 화정초등학교 나온 애들이 주고요.

면담자   부모님들이 같이 초등학교 다니고 고등학교 잘 다니고 있는 친구들 보면 마음이 많이 아프다고 하시더라고요.

준영 아빠   그럼요. 특히 이제 학교 주변에 사시는 분들, 그리고 어떤 집 같은 경우 한 아파트에 몇 가구가 단원고등학교 애들이고. 저도 블록만 틀리지 다세대건물이고, 여기가 다세대건물이잖아요, 저희 집은 이렇게 들어가지만 그 사람은 이렇게 들어가요. 담벼락 보면 붙어 있는 거죠. 거기 사시는 분, 또 몇 미터 밑에 사시는 분.

면담자   같은 지역에 사시는 분들이 많았던 거죠?

준영 아빠   예, 엄청 많죠. 그리고 평상시 출퇴근할 때 마주 보던 사람, 알고 지냈던 사람, 팽목에 갔을 때 많이 놀라고 그랬어요. 동네에서 자주 보던 어머님들, 아버님들. 거기서 애 데리고 올 때 먼저 간 사람은 "미안하다" 그러고 남아 있는 사람은 "축하한다"고, 축하할 일도 아니고 미안할 일도 아닌데. 준영이는 자기 생일 날 올라왔어요, 23일 날.

7
참사 당일 소식을 접한 경로

면담자   예. 그에 앞서 그 4월 16일 날 아침에 먼저 보도가 났잖아요? 아버님은 어떻게 그 소식을 접하셨어요?

준영 아빠   저는 그날 야간에 기계를 고치고 아침에 집에 이제, 8시 좀 안 돼서 집에 왔어요. 그래서 소파에 이렇게 기대고 있었어요. 그리고 가만히 누워 있었지요. 근데 9시쯤인가 준영이 엄마가 택시 타고 집에 왔어요, 와갖고 "단원고등학교 학생들 배가 넘어간다"고. 그래서 준영이 엄마한테 "그거 어떻게 알았냐"고 그랬더니 출근 그 회사 뉴코아 갔더니… 9시 한 반인 줄 알았더니, 뉴스를 보라고 그래서 뉴스 보고 알았고, 처음에 9시 넘어 배가 이렇게 기울어진 뉴스를 본 거예요. 그래서 이제 단원고등학교로 쫓아갔지요. 쫓아가서 상황 파악하는 과정에서 문자가 계속 오는 거예요. 저한테도 오고 준영이 엄마한테도 오고. "전원 다 구조됐다. 전원 다 구조됐다"고. 그래서 '아, 됐구나'.

면담자　　학교에 도착하신 시간이 9시 반 이후셨어요?

준영 아빠　　제가 도착한 게 9시 한 35분, 40분쯤 됐어요.

면담자　　이미 많은 부모님들이 와 계셨어요?

준영 아빠　　예, 예. 와 계신 분도 있구요, 또 속속들이 오는 분도 계시구요. 제가 봤을 때는 한 70명, 80명? 그래서 그 강당에.

면담자　　혹시 그 전에 준영이가 어머니, 아버지한테 연락을 하거나 그런 거는 없었어요?

준영 아빠　　근데 당일 날은 연락을 안 했어요. 그랬다 그러더라구요. 그 생존한 A라고, 걔가 그러더라구요. 그 아침인가 그랬대요. 핸드폰이고 뭐고 다 비닐지에 넣어서 가방에다 넣으라고 캐리어에. 그래서 준영이는 핸드폰을 비닐봉지에 넣었다고 그러더라구요, 캐리어에. 그래서 걔는 올라올 때 반팔 티에 추리닝만 입고 올라왔어요, 핸드폰이고 학생증이고 아무것도 없이. 만약에 핸드폰 많이 갖고 온 친구들은 그 얘기를 제대로 전달받지 않았거나 아니면 핸드폰만 빼갖고 갖고 있었던 애들이죠. 그래서 16일 날은 연락을 서로 주고받지 못했어요. 근데 제가 16일 날 문자 보낸 거는 있죠.

면담자　　그 사건 접하고 나서서요?

준영 아빠　　아뇨. 8시 30분쯤에 일어나서. (면담자 : 잘 가고 있냐고?) 음… "좀 있으면 가네? 밥 좀 챙겨 먹어" 이렇게. 근데 [답이] 안 오더라구요. 평상시에도 이렇게 아빠 [문자] 보면 나중에 "응. 알았어" 이렇게 보내잖아요. 그래서 크게 그렇게 생각은 안 했었어요. 그리고 [단원고] 체육관에서 "전원 구조, 전원 구조" 막 얘기하니까 부모님들도 '다 전원 구조 됐구나' 그래서 준영이 엄마한테 그랬어요. "너 집에 있어라. 내가 저 진도체육관에 가서 준영이 데리고 올 테니까 밥하고 좀 많이 해놔라. 얼마나 힘들었겠냐"고. 집에 있으라 그러고 혼자 시에서 제공해 준 버스를 타고 갈라 그랬더니 "같이 간다"고. 그래 이제 둘이 타고 가는 과정에서 사망한 사람 한둘이 올라오는 거 보고 '이건 아니구나'. 체육관 도착했더니 어, 체육관 앞에 게시판, 임시로 만든 게시판에 생존한 학생들 이름만 쭉 써 있는데 우리 애는 없더라구요. 체육관 안에 들어가 갖고 막 이 사람 저 사람 물어보고, 또 5반인 친구들한테 다 물어봤더니 "못 봤다"고 그러고. 근데 그때까지도 "어선에 아이들이 50명이 오고 있고, 서거차도 섬 내에 애들이 또 몇십 명이 있으니까 우선 도착한 애만 적어놓은 거다" 얘기를 하더라구요.

면담자　　　　차를 준비해 타고 가실 때 네 대인가가 같이 움직였다 들었거든요.

준영 아빠　　　아뇨. 더 갔죠, 더 내려갔었죠.

면담자　　　　아, 거기 인솔 선생님이 한 분씩 타셨잖아요?

준영 아빠　　　없었어요.

면담자   못 보셨어요? 그냥 어머니랑 같이?

준영 아빠   예. 앉아갖고 운전사 뒤, 그러니까 문 여는 뒤에서 한 세 번째 정도 앉았어요. 뉴스를 계속 보려고요. 근데 그 거기서 단원고 선생이 누군지 몰랐어요.

면담자   그러면 가시는 동안은 어떻게 가셨어요?

준영 아빠   가면서 계속 뉴스만 보고 전화 오면 상황 얘기하고.

면담자   그럼 차를 타고 가시면서는 아버님, 어머님은 구조가 안 됐을 거라는 생각은 전혀 못 하셨던 거죠?

준영 아빠   그렇죠. 구조가 됐을 거라 생각을 했어요. '생존자 명단에 있을 거다' 그 기대만 계속하고 뉴스 상황만 보고 있었죠. 근데 뉴스에서는 계속 반복적인 얘기만 하고 "박지영 시신으로 올라왔다, 차웅이가 그렇게 됐다"라는 내용, 그리고 상황이 안 좋아져 가는 거, 그거만 계속 접하고 있었죠.

면담자   그 체육관에 도착하고 난 다음에는, 예를 들면 '왜 여기 왔지?' 이런 생각은 안 하셨어요?

준영 아빠   아니, 했죠.

면담자   도착했을 때는, 정말 멀잖아요, 팽목항이랑도 멀고.

준영 아빠   처음엔 버스가 체육관에 도착했어요. 체육관에 도착해서 게시판을 보고, 우리 애가 없더라구요. 체육관 안에 뛰어 들어가서 5반이나 다른 생존 애들한테 막 잡고 물어봤죠. 근데 다들 "못 봤다" 그러더라구요. 그래서 다시 체육관 바깥에 나와서 계속 명단을 찾고 또 찾고, 거기 주저앉아 있고. 조금 알 수 있는 사람들 보면 물어봤죠, 계속. 그랬더니 "뭐 어선에도 있고" 이렇다고 그래요. 거기서 한 2, 30분 정도 있었을 거예요. 근데 거기서 버스를 제공해서 팽목항으로 간다고 그러더라구요. 그래서 이제 버스를 타고 팽목항 배 들어오는 데에 갔더니, 그동안 얘기했던 기사가 '전부 왜곡이었다'는 그거를 이제 그때 안 거예요.

8
팽목항 도착과 18일 이후의 수색 작업

면담자　　　　체육관에 처음 도착하셨을 당시 생각나는 것들이나 이런 거 말씀해 주실 수 있으세요?

준영 아빠　　　저는 처음에 버스를 타고 체육관에 갔다가 한 2, 30분 있다 팽목항으로 가서 그 이후에는 체육관을 안 갔었어요. 계속 팽목항에 있다가 아이를 데리고 올라왔어요. 그때 처음에 체육관 갔을 때에는 방송 차 몇 대 하고 앰블런스 몇 대 와 있고, 체육관 안에 학생들 모포 덮고 슬리퍼 같은 거 신고, 부모들 이렇게 담요 몇 개 쌓아놓고 있고 처음에 갔을 때는 아무것도 없고 대형 화면인가 모니터 하나 있었던 거 같구요, 잘 기억 안 나요. 체육관 안에는 한

5분 정도밖에 제가 안 있었어요. 바깥에서 이 사람 저 사람 막 붙잡고 물어보고 이랬었어요.

그리고 빨리 애들 오는 팽목항으로 가야겠다는 생각에, 그래서 정신없이 버스를 타고 한 30분 정도 가니까. 이제 [그 후로는] 팽목항에서 계속 생활을 하고 그 체육관에는 한 번인가 와봤나? 한 번인가, 중간에 한 번인가 와봤을 거예요. 그 5반 사람들 모인다고 해서 한 번 왔다가 갔고. ○○이가, 동생이 사고 6일째에 혼자 집에서 밥해 먹고 학교 다니다가 "혼자 버스 타고 너 내려와라" 그래 갖고 안산서 내려오는 거 데리러 체육관에 한 번 갔는데 그때 그 체육관 안에는 안 들어가고 바깥에서 이제 버스 내린 거 태워갖고 팽목항으로 갔어요. 그래서 저는 체육관에 대한 기억이 그렇게 많지가 않아요.

면담자   팽목에는 처음 도착하셨을 때 어땠어요, 풍경이?

준영 아빠   처음에 팽목항에 도착했을 때 취재차만 난무하는 거, 그리고 그때는 전부 카메라 든 사람들, 촬영하는 사람들, 이 사람들밖에 없었어요. 그리고 지금 생각해 보니까 정보원들, 국가 정보원 애들, 그 사람들 위주였고요. 제가 처음 팽목에 도착했을 때 배들을 많이 빌려갖고 침몰 현장 들어갔었어요, 저도요.

면담자   당일에 들어가셨어요?

준영 아빠   16일 날 도착해서 그날 배 타고 그 침몰 현장에 갔었죠. 그랬다가 새벽에 들어오고, 그다음 날 아침에도 배 타고 들어갔다 나오고. 그다음 날도 또 배 타고 들어갔다 나오고. 근데 당시 그 팽목항에는 취재기자들, 방송 차들만 즐비하고 각 자원봉사단들 텐트들이 계속 쳐지구요. 그리고 젊은 사람들, 특히 젊은 아가씨들, 학생 같은 애들, 수습기자들인가 봐요. 그 사람들마다 돌아다니면서 부모로 보이는 사람들한테는 전부 인터뷰 형식으로 자꾸 물어보고. 또 그 뒤에는 머리 짧거나 좀 공무원같이 보이는 사람들이 계속 주시하고, 우리 가족들 이렇게 막 다니고 이리 뛰고 저리 뛰면 항상 주변에서 맴돌고….

면담자 　　좀 전에 정보원 같다고 하신 분들이요?

준영 아빠 　　어, 그러니까 옷차림으로 하면 가장 남루한 사람들은 가족이고 깨끗한 사람들은 관계자 측이구요. 그리고 당시 방송이나 "계속 구조한다, 뭐 한다"라고 얘기를 하지만 실상 배 타고 현장에 들어가면 구조하는 모습은 없고 그냥 배 옆에 맴돌기만 하고. 그리고 그 당시 기자라든가 뭐 수습기자들이 취재했던 것들이 나오는 것들이 거의 없어요. 그 당시 가족들이, 저도 인터뷰를 몇 번하고 주저앉아 있고 뒹굴었던 거, 이런 것들이 [방송된 게] 없어요. 진짜 언론이라면, 알릴 수 있는 사람이라면 첫날, 16일 날 저녁, 그리고 17일 날 오전, 또 저녁에, 처음 들어갔을 때, 체육관 들어갔을 때, 그러한 영상들이 없다라는 게… 자체 데스크에서 잘랐겠지요.

면담자 　　체육관 처음 들어갔을 때 영상이라는 건 어떤 걸 말씀하시는 건지요?

준영 아빠   그러니까 그 부모님들이나.

면담자   처음 부모님들이 체육관에 도착하셨을 때는 어땠는지….

준영 아빠   도착해서 단순하게 울부짖는 거밖에 없잖아요. 그때 누군가가 상황 설명을 해주고 지휘를 했었던 그런 얼굴들이 없잖아요. 안내를 했거나 이런 것들, 저는 지금도 계속 생각하고 있는데 제가 처음에 체육관에 도착했을 때 마이크를 잡고 얘기했었던 사람들이나 또 버스를 대절해서 팽목으로 가야 된다고 얘기를 했던 사람들의 얼굴이 안 보여요.

면담자   아, 그럼 가족이 아닐 가능성도 있는 거네요.

준영 아빠   그죠, 모르죠. 가족들도 지금 원체 많잖아요. 저 아이들 250명, 그리고 304명 부모님 다 몰라요. 근데 팽목항에서 마이크 잡고 그렇게 떠들고 '이렇게 해야 합니다' 2, 3일 동안 했던 사람이, 지금도 제가 분향소에 왔는데 그 사람들이 없어요. 그 사람들이 부모인지 아니면 혼란을 일으키려고 그렇게 흔들었던 사람인지 잘 모르겠어요, 그렇다고 그 당시에 제가 그 사람들 사진을 찍었던 게 아니라[서]. 그래서 저희 5반 부모님들도 그렇게 얘기하는 분들이 더러 있어요. "그 마이크 잡고 그렇게 열심히 일했던 거 같은데 그 사람들이 안 보인다"고. 저도 안 보여요.

면담자   팽목에 계실 때는 정보를 알아본다든지 물어본다든지, 또 다음에 뭐를 해야겠다라는 이런 계획은 아버님이 직접 생각해서 이렇게 하신 거예요?

준영 아빠   아니요, 주먹구구였죠.

면담자   아, 예. 그러니까 주변 부모님들이랑 얘기해서 이렇게 하는 식으로?

준영 아빠   예, 예. 당시만 해도 가족협의회니 이런 게 없었어요. 그래서 주로 준영이 엄마하고 보다가 이제 배 들어오면 앉아갖고, 또 매일 이렇게 올라오는 안내에 "몇 번 누구, 몇 번 누구" 하면 안치실 있는 데 뛰어가서 보고 오고. 가족 중에 몇몇 분들은 그거를 규합을 하려고, 그리고 회의체계를 만들라고 뛰어다니신 분들도 많았죠. 16일, 17일, 18일 이때도 관계부처, 그러니까 뭐 이주영이라든가, 지금은 이제 이름을 다 알죠, 뭐 해경청장 얘네들도 없고, 아침에 되면 없어요. 그러면 걔들 막 찾아다 끌어다가 "오늘 어떻게 구할 거고 오늘 일정 어떠냐?"고 물어보면 회피하기 바쁘고. 그중에 또 당한 게 있잖아요. 이용욱[이]라고, 그때 왜 구원파였었다고 했잖아요. 지금 알려진 사람, 수사과장[국장], 그러니까 보이지 않는 사람들, 그리고 뭔가가 구린 사람들이 그 자리에 있었기 때문에 많이 기록도 안 돼 있을 거예요. 그리고 그 김석균이나 이주영이나 도망 다니기 바빠 갖고 저희가 붙잡아다가 막 얘기하고 윽박지르고.

면담자   아버님도 팽목에 계실 동안 이렇게 가서서 질문하고 책임자를 소환하거나 이런 요구를 직접 하신 편이세요?

준영 아빠   아뇨. 저는 배 타고 침몰 현장에 자주 드나들었고요. 그리고 준영이 엄마하고 애 보러 안치실에 주로 많이 뛰어다녔죠.

면담자   그러면 그 책임자한테 가서 예를 들면 "어떻게 할 거냐?" 이런 식으로 하는 분들도 있었어요?

준영 아빠   예, 있었어요. 그분, 지금 생각해 보면 그렇게 했던 사람 중에 하나가 김병권, 1기 때 이제 저기 위원장 했던 사람, 그 사람. 지금 생각해 보면 그 사람하고 또 같이했었던 몇몇 사람들도 거기 있던 사람들이었어요.

면담자   아버님과 어머님은 대부분 확인하는 상황, 배를 타고 계속 나갔다고 하셨잖아요. 팽목에 처음 도착하셨을 때 '구조가 조금 힘들겠다'는 생각을 하셨던 거세요?

준영 아빠   아니요. 저는 그렇게 생각 안 했어요. 한 2, 3일 안에… 배 안에 공기가 있었기 때문에 '애는 살았을 것이다'라는 생각을 했어요. 그리고 그때 16일 밤부터 17일 오전까지 SNS에 많이 달렸죠. 뭐 식당 칸에 몇 명이 있었고, 오락실에 애들이 있고, 그리고 그 시점에 잠수사가 "배 안에서 창문 너머 인기척이 많이 들렸다" 이런 거를 회의할 때 그런 얘기를 했었어요. 그 해경들하고 있을 때 그랬더니 해경 간부가 누가 그러냐고, "근거 없는 얘기했다가는 당신들 큰일 난다. 얘기하지 말라"고, 잠수사한테 그런 얘기한 것도 제가 들었어요.

면담자   그 얘기를 누구한테 들으셨어요?

준영 아빠   직접 들었어요, 제가.

면담자   잠수사한테요?

준영 아빠   예. 그 사람들이, 잠수했었던 관계자들이 어, 해경
간부하고 우리 가족들이 이렇게 앉아서 "도대체 어떻게 할 거냐?"
서로 막 방안을 제시할 때 그 사람이 그런 얘기를 한 거를, 해경 간
부가 "그런 얘기하지 말라"고 제지하는 것도 들었어요. 그래서 그
때 저희 가족들은 "뭔 얘기냐? 사람이 이렇게 들었다니까 빨리 가
서 구조해라. 빨리 시작해라" 막 그랬더니 "지금 하고 있으니까 부
모님들 사태를 좀 보면서 하시라, 너무 그러지 말라"고 뭐 거기서
"야, 이 새끼야 뭐 이렇게 하냐?" 막 이랬죠.

면담자   그게 17일 상황인 거죠?

준영 아빠   예. 그리고 그 17일 오전에는 페리호 큰 배에, 또 가
족들이 전체적으로 침몰 현장까지 한 2, 3회 운행한 거 같애요. 그
때도 그런 말들이 많이 나왔어요. 배 안에 있는 아이와 통화한 부
모가 있다는 그런 얘기, 그리고 그 페북이나 SNS에 "몇 반 누가 누
가 어디 몇 칸에서 살아서 구조를 기다리고 있다" 그러니까 완전
저도 우리 애 이름은 없지만 아직 살아 있는 걸로 알고 있는 거죠.
왜냐 하루, 이틀, 삼 일 공기 주입하면서 에어포켓 [속에] 있던 애들

중 하나일 거란 생각을 가지면서, '혹시 표류하다가 어디 인근 섬에 있을 수도 있겠다' 그런 기대감 반반, 아니면 오기로 기다리고 있었죠. 그랬던 게 지금은 이제 그게 전혀 아니었었고 유언비어로 남았잖아요. 그래서 이제 홍가혜라는 애[민간 잠수부]가 그 내용을 가지고 인터뷰했던 그게, 재판에 걸렸던 거지요.

면담자　　　배를 직접 알아봐 가지고 계속 매일 나가셨다고 하셨잖아요.

준영 아빠　　　예. 처음에는 16일 날 저녁에는 배를 사신 부모들이 있어요. 돈을 주고 배를 사서 두 댄가 세 대 나갔고. 어, 저는 해경 배에 타고 들어갔어요. P92정이라는 배예요, 잊어버리지도 않아요. P92정이라는 배를 타고 침몰 현장에 갔다 왔었구요. 또 부모님들 일부는 배를 사서 가신 분도 있고, 하루 이틀 됐을 때에는 해수부나 해경에서 배를 대줘서 침몰 현장에 갔었어요.

면담자　　　계속 세월호 근처까지 왔다 갔다 하셨다는 거죠?

준영 아빠　　　예. 배가 요기 있으면 인근까지요. 그리고 그 바지선 있으면 배 대서 바지선 위에서 작업하는 거를 보구요.

면담자　　　그때 보실 때는 어떠셨어요? '뭔가를 하고 있지 않다'라는 것이 분명한 상황이었나요?

준영 아빠　　　그러니까 처음에 16일 밤, 17일 밤, 18일 밤, 이때까지는 뭔가는 하는데 구조하는 것 같지는 않고, 그리고 보여지는 대

준영 아빠 오홍진

로 뭐 몇백 명이 온 것도 없고, 또 수천 발의 조명탄 이것도 거짓이고. 심지어 17일 날 밤에도 조명탄이 뭐 수백 발이었다 그러잖아요. 근데 실상 제가 봤을 때는 없었어요, 안 해요. 안 하는데 방송 3사 뉴스에서는 "수백 발이 지금 터지고" 있대요, 생중계래요. 근데 내가 그 생중계 그 자리에 있는데, 안 해요. 그리고 잠수사들 몇백 명이라고 그러죠. 안 해요! 그냥 한 몇 명 들어갔다가 한 10분 있으면 도로 기어 나오고.

면담자   그 상황이 16일에서부터 18일까지 계속?

준영 아빠   예, 예. 17일까지는 제가 100프로, 거기 [구조 활동] 없었어요. 그리고 18일부터 이제 작업이 서서히 진행된 거예요.

면담자   어떤 작업 말씀하시는 거예요?

준영 아빠   그 수색 구조, 그러니까 좀 더 잠수사들이 많이 들어왔고 뭔가를 하는 모습이 보였던 거예요. 그때는 이제 구조라기보다 그 배 안에 아이들이 찍혀 있었던 게, 그게 이제 조류에 의해서 치면 [배 밖으로] 빠져서 이렇게 부양되죠, 위로 올라오는 거. 그래서 이제 데리고 바지에서 확인해서 안치실로 오는.

면담자   그러니까 그 작업이라고 하는 것이 구조가 아니었군요?

준영 아빠   수색하면서 애들이 이제, 떠다니는 애들을 이렇게 건져 오는 거죠. 걔들이 하는 일은 그거예요, 건져 오는 거. 그리고

18일, 19일 넘어가면 그때부터 배 안에 들어가서 아이들을 태워. 그래서 본격적으로 많이 나왔었던 날짜가 21일 이후, 애들이 많이 올라오죠. 그 시기에 맞춰서 진도대교를 걸어갔었던 사건이 바로 그때예요. 그리고 그때가 DNA 검사 할 때였고. 그리고 공기 주입 한다고 해서 산소 주입 한다고 해서 구멍 뚫었던 시기고, 20, 21일 그때거든요. 그리구 나서 22일 날인가요? 21일 날 열몇 명, 23일 날 삼십몇 명, 예.

면담자   23일에 많이, 이제.

준영 아빠   예. 우리 아이도 이제, 4반, 5반, 6반 애들이 22, 23, 24일 요때 80여 명이 올라올 때 준영이도 그때 같이 왔거든요. 그러니까 해수부 애들이나 해경 애들이 본격적으로 가이드줄 설치하고 배 안에 들어가서 작업을 했던 건 20일 이후부터였다고 봐야죠.

그리고 16일 사고 나고 17일 그때 학생 애들이 그 세월호 배에서 먼 거리에서, 그 애들이 발견이 됐잖아요. 그래서 데리고 나온 애들이 많아요. 또 이후에 5월 달인가 넘어서는 40킬로미터인가 바깥에서 아주머니도 발견되고, 세월호는 유실망 작업이 제대로 안 돼 있는 상태라. 지금 미수습된 분들이 가장 걱정하고 있는 이유가 작년 11월 이후 수색이 종료된 상태에서 유실망도 쳐지지 않은 [상태에서] 8개월 동안 그대로 방치가 됐잖아요.

팽목항에서 준영이가 돌아오기를 기다린 시간

면담자   아버님, 어머님은 준영이에 대한 얘기를 그때 좀 하셨어요? 생각이나 이런 거를 좀.

준영 아빠   준영이 얘기만 매[일] 둘이 같이하고 있었던 거지요. 그리고 빨리 오기를 바랐던 거구요. 처음에 이제 하루, 이틀, 삼 일은 '생존했다'라는 거를 믿고 있었고, 그 이후 이제 '생존이 어렵다'라는 거를 인정을 하면서도 마음은 인정하지 못했죠. 5일, 6일 이렇게 넘어갈 때는 와줬으면, 더 상하기 전에.

면담자   어머니가 더 빨리 받아들이셨어요, 아니면?

준영 아빠   누가 먼저 받아들인 얘기는 안 했죠. 얘기 안 한 상태에서 같이 그냥 이렇게 알게 되는 거죠. 그리고 8일[째] 돼서 와갖고 DNA 확인이 되고 그다음 날 확인돼서 왔는데, 다음 날도 빨리 더 상하기 전에 아이를 데리고 올라가야 되는데 제대로 일도 안 하는 해경 애들. 거기서도 한번 또 난동을 피우고 나니까 그다음부터는 빨라지더라구요.

면담자   그 DNA 검사가 가족 측에서 요구를 한 거였어요?

준영 아빠   아뇨. 저희 가족 측이 아니라 그때 20일 날인가 21일 날 그 결정이…. 지금 생각해 보면 결정적인 게 학생이 바뀌었던 거, 사고 나고 이틀인가 삼 일 있다 아이가 올라왔다가 마지막 발인하는 순간에 친구들이 "아닌 것 같다" 해서 확인하니 아니어서.

면담자　　　다시 왔다고.

준영 아빠　　　예, 그 시점에 DNA를 했던 것 같아요. 그리고 쟤들이 그러더라구요. "혹시 부패되거나 훼손이 돼서 불가하면 DNA를 통해서 전달을 해야 된다"고. 그래서 DNA 검사가 결정이 된 거예요. 제가 DNA 해달라고 그랬었던 게 아니라.

면담자　　　와서 하라고 했어요?

준영 아빠　　　그 얘기를 들었어요. 다른 부모님한테 말을 들었어요. DNA 검사를 해야 된다 그래서 왜 하냐고 그랬더니 "일주일이 될 수 있고 열흘이 될 수 있고, 또 물에서는 훼손이 빨라진다고, 해야 된다"고. 그래서 DNA 검사를 했죠. 그리고 DNA 검사를 해야만이 아이 데리고 갈 때 좀 더 빠르다는 얘기를.

면담자　　　들으셨어요?

준영 아빠　　　예. 빠르다고, 바로바로. 그러니까 애를 수습을 하고 바로 검사가 들어가면 빨리 인계를 해줄 수 있다고.

면담자　　　그 얘기는 해경 관계자한테 들으셨어요?

준영 아빠　　　아니, 다른 부모님한테 그 얘기를 들었어요.

면담자　　　그 DNA 검사가 되기 전에 안치소에 학생이 올 때마다 부모님들이 찾아갔다고 들었어요. 그러니까 처음에는 그냥 육

안으로 같이 이제….

준영 아빠　　　예. 처음에 준영 엄마 다리 다친 것도 그때예요. 17일 저녁에 다섯 명인가, 애들이 왔어요, 한 3시쯤에. 우리는 그때 요 가족대기실, 천막이죠, 대기실이라기보다는 천막 하나를 상황실처럼 해놓고. 이제 그게 있었어요. 누가 올라왔다, 인상착의, 옷 착의… 예, 그러면 그게 누군지 몰라요. 그때는 안치실도 없어요. 거기서 배 타고 출발했다 그러면 부모님들이 들어오는 데를 뛰어가요. 뛰어가면 앰뷸런스, 다섯 명이 든 앰뷸런스 다섯 대가 서 있고, 그 배에서 들것이죠, 들것에 데리고 와요. 당시 애들이 어떻게 왔냐면 옷 입은 상태에서 이런 천 조끼 자크가 여까지 이렇게 채워진… 올라와요. 그러면 남자, 여자 그러니까 애가 남자인 부모는 저쪽에 서 있고, 애가 여자인 부모는 이쪽에 서 있는 거예요. 우리 애는 남자니까 이쪽에 있으면 걔가 이제, 남자애가 와요. 그러면 들고 와서 앰뷸런스 태우기 전에 자크를 이렇게 열어요. 그러면 애 얼굴 보이잖아요. 그럼 애 얼굴을 보고 '우리 애다, 아니다' 판단을 해서 "얘가 우리 애다" 그러면 앰뷸런스에 태워서 부모하고 목포병원으로 넘어가요. 그게 20일까진가 그렇게 됐었어요.

계속 그러니까 처음에 오면 남자, 여자 없이 애들이 올라오면 쫓아가는 거예요. 그래서 보고 우리 애 아니고, 처음에 3일 동안은 '올라오는 애가 내 애가 아니었으면' 했어요. 그러고 나서 4일인가 5일부터는 '올라오는 애가 내 애였으면'. 근데 거기서 이제 그 자크를 이렇게 열어요. 앰뷸런스 있는 데 열어서 '내 애가 맞나, 안 맞나' 확인을 하는 과정에서도 기자들은 사진을 찍는 거예요. 위에다 대고 찍고 하다 보니까 그 불빛이 어마어마하게 밝아요. 그 부모가 아이 얼굴을 제대로 몰라요, 막 이렇게.

면담자   눈이 너무 부시니까.

준영 아빠   "내 애다, 내 애다" 하면 그 아이를 인도하는 사람이 "아이의 특징을 얘기하세요" 그래서 누군가 어머님 한 분이 "애 왼쪽인가 오른쪽에 보면 큰 점이 있다, 그러면 내 애다" 그래서 거기서 자꾸 끝까지 아니래서 양말을 벗기니까 점이 큰 거예요. 그래서 "우리 애다" 하고 데리고 이제 오고 병원으로 이송해 가더라구요. 그 과정에서 바뀌었던 부분이 DNA 검사하게 된 결정적인 이유였던 것 같아요. 검사를 하라 그리고 이후에는 DNA 확인을 통해서 확인이 된 사람만 안산으로 보내게 됐어요.

그래서 그때는 애 올라오면 완전 아수라장이에요. 아수라장에다가 그 팽목항 주차장에 등도 많지 않았어요. 불이 번쩍번쩍하면 기자들 플래시 터지는 거예요. 한 여덟 명이 올라오면 앰뷸런스가 이렇게 네 대씩 두 줄로 있어요. 여학생이면 우린 아니니까 안 봐요. 그러면 남학생 이렇게 앰뷸런스 대놓고 확인했어요, 앰뷸런스에 실을라고. 그러면 앰뷸런스 기사가 그래요. "야, 그 차 애니까 저 앞으로 빼" 한다구요. 그럼 싣다 말고 부모님 있는데 그거 덜렁, 덜렁, 덜렁 앞 차로 가지고 가요. 부모님은 거기서 막 패고 싶어도 빨리 데리고 가야 되니까….

거기서 인격이니 인권이니 사람에 대한 예우니, 배려니 이런 거 하나도 없이 진짜 어디 산, 뭐 지진 터져갖고 그 순간 거기서 막 응급처치 하는 그런 모습, 그런 아수라장 현장이에요. 그래서 저희 부모들이 그랬지요. "이게 될 일이냐. 아이 오기 전에 검사하고 그러면 최소한의 예우거나[예우를 갖추기 위해] 천막이라도 만들고 폴리스라인이라도 쳐야 되지 않냐" [하고 문제]제기를 해서 그 이후에는 아이를 데리고 오면 경찰들 서 있으면 그 이렇게 통과를 해서 천막에 이렇게 애들을 눕혀놓으면 부모가 확인이 되는 사람, 그러니까 '이 사람이 단원고 학생 부모다'라고 확인이 되면 들어가서 볼 수 있게 만들었던 거예요.

그 전에는 이 사람 저 사람, 기자 뭐 정보관, 전부 다 오픈시켜놓고 자꾸 열어서 이렇게 보는 거예요. 그래서 저도 그 아이들 한 100명 이상 봤어요. 우리 애가 149번이에요. 아닌지 알면서도 왜 봤냐면 6일째 올라오는 얼굴 상태, 7일째 올라오는 아이들의 상태, 비슷하면 [보러] 가는 거예요. 심지어 어떤 부모님들은 아이가 삼십 몇 번째 올라왔는데, 얘네들이 글[인상착의]을 잘못 써놓은 거예요. "학생인 거 같다"가 아니라 "30대 후반 같이 보이는 사람이다. 학생 같지 않다"고. 그러니까 그 부모님은 학생 같지 않으니까 몰랐던 거예요. 2, 3일 있다가 안 오니까 갔어요. 갔더니 그게 자기 애인 거예요.

면담자   아, 그것도 너무 한으로 남으셨겠네요.

10
준영이가 돌아온 날

준영 아빠   그 번호가 35번인가 그럴 거예요. 그 아이 데리고 오는 수습 과정, 처음에 구조도 안 하고 그렇게 구경만 하고 처음에 올라왔었던 아이들조차 그 지퍼백 같은 데다 그냥 넣어 오고. 근데 이틀째 아이들이 올라오고, 애들 보면 되게 고와요. 손 요러고 있고 여자애들 같은 경우에는 입술이 빨간 상태로 발라져 있고, 머리도 이렇게 착, 이쁜 얼굴 그 상태 그대로 눈만 감고 있어요. 그러다가 6일, 7일째 올라오는 아이를 보면 얼굴이 이렇게 부어 있고. 준영이는 요런 데가 새까맣더라구. 몇 개는 끝에도 깨지고 새까맣고 손목, 손톱 코하고 입하고 이런 데서 피가 막 흘러서 하얀 티셔츠 절반이 피로 젖어 있더라구요. 그래서 그걸 물어봤더니 그 밑에서 이렇게 물로 쳐올라 올 때 [수]압에 의해서 그랬다 그러더라구요. 배 안에서 바깥까지 20여 미터 되잖아요. 그러니까 부양하는 과정에 [수]압 때매 그렇게 온몸이 터진대요. 그래서 팍 [피가 터져서 티셔츠가 그렇게] 됐는데, 얼굴은 깨끗하더라구요.

면담자   확인하시고 바로 안산으로 오셨어요?

준영 아빠   예. DNA 검사하구요. 어, 준영이가 9시 3, 40분에 발견이 됐대요. 그 전날, 그러니까 22일 밤, 23일 새벽에 아이들이 많이 발견이 됐구요. 그리고 한 3, 4시간 없었어요. 그래서 준영이

70
·
준영 아빠 오홍진

엄마가 "오늘 생일인데 준영이 오늘도 안 온다, ○○아…" 그러고 있는데 9시 40분쯤에 발견됐다 하더라구요, 149번. 그 배가 2시쯤 돼서 안치실에 왔어요. 생일날이고 준영이 엄마가 제왕절개로 준영이를 낳았어요. 경희대병원에 입원한 시간이 9시 반, 10시 그 사이에 입원했고 제가 이제 준영이, 수술하고 마취 깨고 애를 데리고 나왔을 때 2시쯤 됐어요. 그 시간까지 교묘하게 맞아떨어지더라구요. 안치실에 준영이 2시에 들어왔어요. 그래 이제 확인하고 DNA 검사를 넘겼더니 24시간 걸리는데 뭐 주야로 해서 빨리 한 대요. 그래서 그다음 날 3신가 이게 결정돼, 이제 "준영이가 맞다"고. 근데 전날 아이들이 많이 올라왔으니까 인계하느라고 시간이 많이 [걸려서, 부모들이 쫙] 늘어섰는데, 해경 애들 한 팀만이 부모한테 인계를 하고 있는 거예요. 그래서 제가 보니까, 그다음은 못 와요. 그리고 전날 제가 확인을 했고 걔네들이 "냉동안치를 해놓는다" 그랬는데 그다음 날 봤을 때 냉동안치가 아니고 애가 더 상해 있는 거예요. 당시 냉동창고는 냉동 기능이 거의 없고, 그래서 이제 거기서 해경 애들하고 많이 싸웠죠. 싸우고 욕도 하고 돌멩이도 집어 던지고 그랬더니 그다음부터 한 팀이 인수받던 게 세 팀으로 늘어난 거예요. 그래서 6시 좀 넘어서 애 데리고 시화센트럴병원인가, 12시가 좀 안 됐더라구요. 그래서 준영이 안치시키고 그 밤 넘기고 하루 있다가, 아침에 그거를 한 거예요.

면담자   발인 시간이 좀 짧다고 생각하지 않으셨어요?

준영 아빠   근데 … 하루 더 데리고 있는 거보다 너무 많이 그러고 그래서, 그나마 빨리 좀 편하게라도 좀 해주고 싶어서. 그럴 때 부모님 같은 경우에는 뭐 5일도 하고 그런다매요. 자식이고 그러니까요. 준영이 엄마랑 해서 "오늘 밤 왔으니까 오늘 밤하고 내일 밤 하루하고 해서 편하게 좀 해주자".

면담자   27일 오전에 준영이 발인을 하신 거죠.

준영 아빠   그렇죠. 23일 날 왔으니까 24일 날, 23일 날 찾고 26일 아침쯤 되나 보네요.

면담자   어, 준영이가 생일이 언제죠?

준영 아빠   예. 4월 23일 생일이에요. 그러니까 23일 날 애 보고 24일 날 확인해서 갔으니까 24일 밤, 25일 밤, 26일 아침에 발인한 거죠.

면담자   예, 이제 어디로 준영이를….

준영 아빠   하늘공원.

면담자   어, 그거는 부모님이 결정하신 거세요?

준영 아빠   예, 제가 한 거예요. 하늘공원 결정한 동기는 집하고 가까워 갖구요, 매일 가볼 수가 있잖아요. 집에서 한 10분 거리밖에 안 돼 갖구요. 그리고 그때만 해도 하늘공원에 친구들이 제일 많이 모여 있었어요. 서호나 효원보다 하늘공원에 친구들이 더 많고 집에 좀 더 많이 가까웠구요. 또 이유는 서호나 효원은 건물 안에 있잖아요. 납골당, 그 유골함이 좀 편하고 밀폐된 거는 좋겠지만 하늘공원은 볕이 들잖아요. 바람은 불어도 바깥에서 볕이 들고, 친구들이 많아서 하늘공원을 했고. 그리고 지금까지 이렇게 길게 갈 줄은 몰랐죠. 지금으로서는 길게 가다 보니까 '하늘공원보다 서호나 이런 데 해볼 필요도 있었다'라는 생각이 들지만, 그대로 하늘공원이 더 낫더라고요.

면담자　　　그때 5반 친구들도 같은 반 친구들끼리 같이하자 이런 의견이 좀 있었나요?

준영 아빠　　　그런 의견도 있는데요. 같이 얘기는 모으지만 가장 결정적인 건 당사자잖아요. 얘기는 모았지만 튕겨져들 나가죠, 혼자 각기. 그래서 효원 간 사람, 서호 간 사람, 다들 갈라지고, 최종 결정은 이제 부모들이. 그래서 지금도 보면 하늘공원이 아마 제일 많을 거예요. 그리고 또 일부 절에 있는 사람도 있고, 또 어떤 분은 한 분인가 "집에 있다"는 말도 들었는데 정확히 누군지 모르겠어요. 절에도 좀 많이 있구요. 그리고 이번에 또 한 친구가, 기사 보셨지만 아이를 못 잊어서 자살한 친구가 있어요. 그래서 그 친구 옆으로, 그 친구가 한 5년 동안만 같이 있다가 오는 걸로, 그런 일도 있어요.

면담자　　　장례 기간 동안에 동생은 계속 같이 있었어요?

준영 아빠　　　예, 예, 계속.

면담자　　　　학교에 안 나가구요?

준영 아빠　　예. 학교에서 이제 빼주니까. 어, ○○이가 집에서 혼자 밥 먹고 학교 가고 그랬어요. 학교에서 도시락을 주고 그래요. 그럼 저녁 먹고, 아침 먹고 갔다가 한 6일, 21일 날인가? 그때쯤.

면담자　　　　내려왔어요?

준영 아빠　　예. 준영이도 안 오고 그래서 준영이 엄마가 전화를 했어요. "내일모레 오빠 생일이고 생일날 올 거다. 너 내려올 수 있냐" 그랬더니 내려온다고. 그래서 혼자 올림픽기념관, 학교 앞에서 버스 타고 체육관으로 온 거를 제가 이제 데리고 왔어요. 그러고 나서 생일 그렇게, 그때부터 계속 ○○이하고 같이 있구요. 발인을 하고 하늘공원으로 오고, 하루 이틀 데리고 있다가.

면담자　　　　그래도 가족분들이 서로 의지하면서(울먹).

준영 아빠　　그러니까 와갖고 힘들었지요. ○○이 학교 가고 둘이 있으면 얼굴을 못 맞추고 이렇게 떨어져 있지요. 준영이 엄마는 안방에 있고, 전 거실에 있다가 분향소 갔다가 밤늦게 집에 오고. 그리고 5월 되고, 그때 준영이 엄마는 많이 힘들어했고요. 집에 있지 않고, 계속 이제 밖으로 나가요. 진상 규명이다, 단식이다. 준영이 엄마는 6월 넘… 7월부터는 여의도에서 생활을 많이 하구요. 9월 이후에는 간담회다, 지방으로 둘이 계속 같이 돌아다녔죠. 최근에는 아시다시피 광화문 간담회, 피켓, 서명, 각 장소마다 이렇게 찾아다니고, 월요일 날 같으면 특조위 회의가.

11
어머니가 지어준 삼행시

면담자　　2차 면담에서는 장례 치르고 난 다음 얘기를 진행하려고 하는데요. 아버님의 심정이라든가 사회에 대한 생각, 주변 사람들에 대한 생각 이런 것들입니다. 또 같이 활동하는 분들에 대한 생각 이런 것도 좋구요. 그리고 여러 활동을 계속 같이해 오셨는데 그 과정에서 좋았던 점, 나빴던 점도 괜찮고요. 그리고 이제 3차로 넘어가면, 사실 이 활동도 엄청 길잖아요?

준영 아빠　　그렇죠.

면담자　　오랜 기간 동안 많은 일들이 있었고, 1주년 즈음만 해도 너무 많은 사건들이 있었기 때문에 그 부분은 저희가 기회를 봐서 2차와 3차 이런 식으로 진행을 하도록 하겠습니다.

준영 아빠　　예, 예.

면담자　　오늘 긴 시간 동안 힘들었던 상황을 잘 말씀해 주셔서 감사드립니다. 저희도 잘 정리를 해서 기록으로 남기고 더 많은 사람들이 4·16에 대해서 잊지 않고 진상 규명을 계속해서 할 수 있도록 같이 노력하겠습니다.

준영 아빠　　　예. 고맙습니다. 참, 준영이 엄마는 언제쯤?

면담자　　　준영 어머니는 저희가 날짜를 잡아야 하는데요. 보통 한 달에 한 분 정도로 진행되거든요. 아버님 3차까지 하니까 괜찮으시면 12월 달에 연이어서 하셔도 좋구요. 만약에 더 빨리 하고 싶으시다 하시면 다른 면담자 정해가지고 진행하고요. 어머니도 제가 일단 전달해 드릴까요?

준영 아빠　　　예, 예. 준영이 엄마가 저보다 얘기 더 잘해요. 더 생생해요.

면담자　　　예. 어머님들하고 아버님들 말씀하시는 게 많이 달라요. 서사도 다르시고 기억하고 있으신 것도, 같은 장소에 같이 계셨는데도 증언해 주시는 것들이 많이 다르더라구요. 저희로서는 아버님, 어머님 다 해주시면 감사하죠.

〈비공개〉

준영 아빠　　　이건 내가 아까 오다가요, 준영이 엄마가 이렇게 삼행시를 써준다 하더라구요.

면담자　　　아, 진짜요? 어떤 내용인데요? 여기 말씀해 주세요.

준영 아빠　　　아, 별거 아닌데. 아, 제 이름이에요. 오, 제가 오홍진이거든요.

면담자　　　제가 운 띄워드릴까요? 오.

준영 아빠   오죽하면 저러고 다니겠어요.

면담자   홍.

준영 아빠   홍익인간의 뜻을 아는 인간, 아니 아버지이기에.

면담자   진.

준영 아빠   진실을 밝히기 위해 포기할 수 없습니다.

면담자   아….

준영 아빠   그리고 또 준영이요.

면담자   준영이요? 오.

준영 아빠   오늘도 4·16 잊을 수 없는 슬픈 날.

면담자   준.

준영 아빠   준영이를 잊을 수 없는 엄마는.

면담자   영.

준영 아빠   영원한 내 새끼 만나는 날까지 4·16은 오늘도 가슴에 담는다. 4·16에 오늘도 가슴에 담는다.

면담자   아, 그거를 아침에 써서 주셨어요?

준영 아빠   아니요. 이걸 보내, 가끔 가다 이렇게 보내요. 그리고 ○○이는요, "오늘도 보고 싶고 매일 보고 싶은 ○○이 내 딸. 너에겐 영원한 니 편, 엄마가 있다" 준영 엄마가 가끔 삼행시 지어서 보내요.

면담자   문자로 보내세요?

준영 아빠   예.

면담자   아, 그렇구나. 가족들이 정말 서로 힘이 많이 되는 거 같아요. 보면은 특히 동생들한데. 되게 많이 힘들어하잖아요. 그거를 보면 부모님도 많이 힘들어하시고….

준영 아빠   아니에요. 그래도 우리 애들을 위해서 이렇게 울어 주고 기록해 주시니까 저희 너무 고맙죠. 세월호 참사가 단순하게 그냥 사회에서 묻히면 안 되잖아요.

면담자   예, 그렇죠.

준영 아빠   우리 커가는 아이들을 위해서도 최소한 한 가지는 약속할 수 있잖아요. "수학여행이나 현장학습은 안전하게 간다" 이 거 하나만이라도 남겨놓을 수 있다면 저희 부모가 할 수 있는 건 다 해야죠.

면담자   어우, 도움 받는 거 엄청 많죠. 오늘 긴 시간 동안 고생하셨습니다. 여기서 마치겠습니다.

준영 아빠   이렇게 두서없는 이야기 들어주서서 고맙습니다.

2회차

2015년 11월 16일

1   시작 인사말

2   특별조사위원회 활동

3   특조위 조사에서 최우선으로 조사해야 할 것

4   광화문 단식 농성에 참여한 과정

5   배·보상 신청 개시 후 소송에 참여한 이유

6   동거차도 감시단 활동

7   가족협의회 임원들과 운영에 관한 생각

8   성당 활동을 통해 시작한 사회운동

9   동생 ○○이의 근황과 아버지의 건강 상태

10   아버지가 생각하는 진상 규명의 의미

11   어머니와 딸에 대한 심경

시작 인사말

면담자   본 구술증언은 4·16 사건에 대한 참여자들의 경험과
기억을 기록으로 남김으로써 이후 진상 규명 및 역사 기술에 기여
하고자 합니다. 지금부터 오홍진 씨의 증언을 시작하겠습니다. 오
늘은 2015년 11월 16일이며, 장소는 서울시 종로구 마이크임팩트
카페입니다. 면담자는 장미현이며, 촬영자는 이세영입니다.

특별조사위원회 활동

면담자   아버님, 다시 봬서 반갑습니다. 오늘은 1차 면담에서
나누지 못했던 것들에 대해 조금 보충하고요, 또 아무래도 5월에
장례 치르고 난 다음에 시작된 가족협의회 활동부터 여러 활동에
대해 여쭈려 합니다. 본격적인 얘기를 나누기 전에 오늘 기왕 특조
위 전원회의 참관을 하고 오셨으니까 그에 대한 느낌이나 소감 같
은 것들을 말씀해 주시면 좋겠습니다.

준영 아빠   그 특조위 상임 전원회의는 아시다시피 가족 추천,
그리고 새누리당 추천, 야당 추천, 그리고 대법원 추천 그리고 대
한변협 추천, 해서 총 일곱 명이 세월호특별법에 준해서 조사 신청

을 받고, 조사를 하는 상임 전원회의가 매달 격주로 10시에 진행이 되고 있어요. 근데 그 전까지 1차부터 10차 정도까지는 그 뭐라 그러나, 그 순서에 의해서 목록 절차를 정했었던 부분이고. 10차 이후죠, 오늘까지는 전체 회의에 가족들이 먼저 제시하는 진상 조사 이거에 대해서 안건을 상정을 하고 그 안건을 갖고 조사를 할 것인가 안 할 것인가 상임·비상임 위원들이 이제 거수로, 찬반을 논의를 하는 게 오늘까지 회의가 있었는데.

몇 차 몇 차 열거하기에는 좀 많지만 전체적인 측면에서 보면 11차 때 같은 경우에는 당시 "세금도둑이다", 그 특조위에 방해를 폈던 새누리 추천 부위원장이었던 조대환이가 어, 사임을 하면서 '출근 거부 투쟁', 그리고 또 그 중간에 새누리당에서 추천을 했던 석동현 위원이라고 이 사람도 지금 사임을 해놓은 상태예요. 그리고 조대환 부위원장 자리에는 이헌이라는 새누리당, 그 양반도 이제 변호산데 빈자리에 들어가 있고. 그리고 석동현 상임, 그러니까 비상임 위원이죠. 그 자리는 지금 공석인 상태예요. 그래서 원 17인이 아니고 16인이 전원회의를 이끌어가고 있구요. 그 새누리당 추천 위원들은 아직도 출결, 그러니까 이제….

면담자   출석 거부를 하고 있는 거예요?

준영 아빠   그렇죠, 예, 예. 그 조사 전원회의에 교대로 출석을 안 해요. 먼저 주에도 한 위원이 그 회의에 참석 안 했었고, 기존에도 보면 꼭 한 명씩 이렇게 빠져나가는 그런 행위를 좀 보여줘요.

면담자   지연시키기 위해서 그러는 건가요?

준영 아빠   그런 부분이 다른 위원들의 회의 분위기 조성 차원
도 있겠지요. 안건에 대해서 상정 부분에 걸림돌이 되는 거죠. 그
리고 당연히 진상 조사를 해야 되는 안건을 갖고 회의를 하면서 그
거에 대해서 허무맹랑한 얘기들을 많이 해요. 16차인가, 17차 전원
회의 때 당시 팽목에서 있었던 학생들이나 부모님들의 카톡 내용
이 일시 삭제되는 거라든가… 어, 방해되고 트위터 부분이 많이 삭
제됐어요. 그래서 그 부분에 대해서 저희가 조사 개시를 했었는데,
조사 개시 목록은 당시 카카오톡 사찰이라든가 개인 사찰 프로그
램이 국정원 아이시에스(ICS) 프로그램이 맞나? 아마 그래요, '그걸
해외에서 뭐 몇억을 들어서 입수를 했다' 그러더라구요. 그게 전문
해킹용이래요.

    그래서 그 프로그램에 대해서 조사해 달라, 과연 국정원에서
개입을 했냐고 얘기했더니, 그 조사 안건에 대해서 "한다, 안 한다"
이제 거수 부분인데 그 새누리당, 예를 들어서 한 얘기예요. 새누
리당의 고영주 위원 그 사람은 80년 초에 부림사건 전담 검사예요.
고영주 그 사람이 그런 얘기를 한 거예요. "당시 그런 사찰했었던
그 해킹 프로그램이 꼭 국정원이라고 지적을 해야 되냐, 아닐 수도
있다. 기무사가 될 수도 있고 외계인이 될 수도 있다"는 좀 너무 뜬
금없는, '외계인'이라는 표현까지 쓴다면 과연 그 사람이 특조위 진
상을 밝히고자 나온 사람인지, 그렇게 피 튀고 진짜 부모들, 아이
들의 그런 희생을 보면서 그렇게 농담적인 말을 한다는 거, 그러면

그 위원의 자질도 문제가 있다는 거예요.

지금까지 이렇게 진행되어 온 특조위 조사 안건, 그러니까 저희 부모님들이 40개, 50개, 얼추 한 70개 정도 조사할 목록을 집어넣고 "그 조사를 하나, 안 하냐" 그래서 위원들이 찬성을 하면 그거를 조사 대상에 넣어놓고, 거기서 반대를 하면 그 부분은 빠져나가는 그 작업을 하고 있는데, 전체적인 측면에서 걔네들이 얘기하는 것을 봤을 때 세월호 참사의 가장 중요한 조사는 몸통을 수사를 해야 되는 거예요. 당시 컨트롤타워였던 청와대라든가 나름대로 그 명령을, 지시를 하고자 했던 김기춘이라든가 이 부분이 가장 조사 대상이 돼야 될 것이고, 그다음은 조금 전에 얘기했지만 국정원이라는 부분, 그리고 구조하지 못하고 구경만 했었던 해경, 그다음에 또 조사 대상이 된다면 해수부, 그리고 안행부, 그러니까 지금은 안행부가 바뀌었죠, 이름이? 뭐 비슷한 게 이렇게, 아마 명칭만 살짝 바뀐 걸로 알아요. 해경도 해양경찰이 아니라 해양경비[해양경비안전본부]인가 그래 될 거예요.

면담자   아버님은 그 특조위의 활동에서 "그런 데까지 조사가 나아가야 된다"고 말씀하셨잖아요?

준영 아빠   아, 그럼요.

면담자   궁금한 점은 거기까지 조사가 될 수 있을까, 가능하다고 생각하시고 기대를 하는 편이신지….

준영 아빠   근데 기대를 하고 안 하고를 떠나서 저희 가족들이 할 수 있는 방안은… 저희 가족이 7월 12일 날, 13일, 14일 이때를 통해서 국회의사당에 장기 노숙 농성을 들어가면서 시작했었던 특별법, 가족이 원하는 그 세 개를 묶어내는 중립성, 독립성 가진 특별법이잖아요. 근데 그것이 12월 달에 절반밖에 안 떨어졌고, 올해 박근혜 대통령이 시행령을 발표하면서 그 특별법조차 더 쪼개서, 지금은 뭐 예전에 '누더기 반쪽의 특별법'이라고 그랬잖아요. 그 시행령 또한 거기서 더 쪼그라든, 4분의 1, 5분의 1밖에 안 되는 시행령….

그런데 그 특조위를 일단 가게 만들었으면 지금까지 진상 조사를 해야 되는 입장에서는 특조위를 가족이 감시를 하고 끌어서 같이 조사를 할 수 있는 방안이 최선이라고 생각을 해요. 그렇다 그래서 '특조위를 못 믿는다'라면, 그 최선의 방안이 아직은 없잖아요. 그리고 4·16연대라든가 민간 조사, 풀뿌리시민모임이라든가 많은 모임들이, 주체적으로 그 진상 조사에 결합된 팀들이 많지가 않아요. 그렇다라면 그 부분 또한 가족들이나 4·16연대에서 제도적인 특조위의 활동을 지원을 하고 감시를 하면서 더 나아가서는 일반 국민들 차원의 진상 조사, 그러니까 많은 국민들이 알고 있었던 거, 그리고 예전에 17대 과제, 변호사 그쪽에서 나왔었던 그 과제라든가 그동안 트위터나 블로그, 카페, 뉴스에 나왔던 모든 세월호 조사 부분을, 추가적인 부분을 가족이나 4·16연대, 특조위에 보내주면 그거를 토대로 해서 빠진 부분까지 조사를 하게 할 수 있게끔… 이게, 이게 최선의 방법이죠.

면담자   일단 '그렇게 만들어가야 된다'고 생각하시는군요.

준영 아빠   그렇죠.

면담자   많은 활동이 있었습니다. 특별히 아버님께서는 특조위의 활동, 말하자면 '국가나 정부에 의해서, 법과 제도에 의해서 밝혀지는 게 중요하다'는 생각을 원래부터 가지고 계셨어요? 아니면 여러 활동 중에서 '나는 이 특별조사위원회가 제대로 굴러가도록 하는 게, 그걸 잘 감시하는 게 내가 맡은 일이다'고 생각을 하시는지.

준영 아빠   맡은 일이고 당연한 게 아니라 자식의 부모기 때문에 '그거는 내가 무조건 해야 된다'는 생각이에요. 그래서 최소한, 아, 최소한이 아니죠, 무조건. '자식이 그렇게 구조의 손길을 받지도 못하고 그 차디찬 바다에서 그대로 올라왔어야 되나'. 그리고 많은 사람들이 그렇게 얘기를 하죠, "해경이나 공무원이 없었으면 아이들은 다 살았다"고. 해경이나 공무원들, 123함정 정장 김경일 외 승조원, 그리고 브이티에스(VTS) 연락 제대로 안 했던 모든 사람들이 없었더라면, 당일 어선이나 인근에 있었던 상선들이 구했으면 아이들은 다 구했어요. 아, 먼저도 얘기를 했지만 123함정이 연락을 받기 이전에 해군 3함대가 인근 해에서 군사작전을 펼쳐서 먼저 연락을 받았대요.

그랬음에도 불구하고 '그 배가 넘어가는 그대로 방치했다'는 것. 우선 저는 특조위 활동에 대해서 단순하게 바라만 보고 박수를 치는 사람이 아닌, 그 안에서 조사할 내용을 저 또한 뽑아서 제출을 해야죠, 그게 할 일이에요. 〈비공개〉 오늘 기본회의 안건 통과는 공개였고, 청문회 부분은 비공개였어요. 비공개되니까 제가 퇴장을 했거든요. 퇴장을 해서 바깥에서 제가 막 고함을 치면서 그랬어요. "야, 근혜가 애들 다 말아먹었으니까 그놈도 조사해. 느그들 방에서 문 잠가놓고 뭐 하느냐"고. 그랬더니 안에서 이렇게 나와서 제재를 하더라구요. 가족이 특조위 사람들을 봤을 때 단순하게 미소 띤 얼굴이 아니라, 그 사람들이 조사를 제대로 못 하면 그 자리가 어떤 자리였건 간에….

면담자   그냥 바로 얘기하고.

준영 아빠   그렇죠. 얘기를 해서 그 사람들의 마음가짐을 바꾸게 만들어야죠.

면담자   근데 그렇게 생각하지 않는 부모님들도 좀 계시죠?

준영 아빠   부모님들은 다 그 생각을 하고 있는데 다만 표현이나 표출을 못 하는 거죠. 생활 속에 많이 바쁘고 직장에 결합을 하시는 분도 많다 보니까 좀 참여 인원이 떨어지는 거죠. 자기 자식을 잃어놓고 수수방관할 부모 없어요. 다만 현실 조건이 떨어지니까 잘 못 나오는 것뿐이죠.

면담자   그 조사에 관심을 많이 기울이는 부모님들도 계시잖아요?

준영 아빠   아, 그럼요. 많죠.

면담자   좀 친한, 예를 들면 의견을 많이 주고받는다든지 특별조사위원회 전원회의 방청을 꾸준히 같이 다니는 다른 부모님도 계세요? 어떤 분들이 계세요?

준영 아빠   아, 그럼요. 지금 분향소 안에도 가족협의회 진상분과가 있으니까 진상분과 임원들 오시고, 저와 같이 매주 특조위 오는 3, 4명의 부모님 있고.

면담자   누구누구신지 혹시 말씀해 주실 수 있으세요?

준영 아빠   그러니까 수현이 아버님이라든가, 아시죠? 창현이 아빠, 그리고 예슬이 아빠, 석준이 아빠도 자주 올라오고 세호 아빠, 동혁이 부모님… 계속 돌아가며 올라와요. 열거하면 많죠.

면담자   원래 이 특별조사위원회에서 정보 열심히 모아주시고 관심이 많으신 부모님들이 조사위원회 전체 회의에도 꾸준히 나가서 듣고 하시는 거 같아요.

준영 아빠   대체적으로 이름 열거한 사람들이 많이 들어보신 거 같죠?

면담자   예, 그렇죠.

준영 아빠   많이 주로 바깥에서 이제.

면담자   좀 전문성이 많이 필요한 내용이라서, 이렇게.

준영 아빠   근데 전문성 없어요. 저희가 뭐, 저 같은 경우에도 가방끈이 길거나 체계적으로 그러한 것들의 문제점들을 뽑아내거나 그랬던 사람이 아니고. 어, 먼저도 얘기했듯이 저는 회사에서 기계를 고치던 사람이에요, 문건이라든가 많은 이런 책들을 다뤄보지 않았는. 자식을 위한 일이구, 1년 6개월 동안 '왜 죽었나'를 알기 위해서 재판이다, 뭐 판결문이다 많이 읽어본···. 근데 부모님들 중에서는 이 법이라든가 또 발이 넓으신 분들은 많은 사람들을 만나서 또 캐고 모자라면 쫓아가서 물어보고 그래요. 그래서 많이 나왔던 부분인데요. 지금 특조위 조사 대상에 신청, 우선 접수했었던 부분들이 그동안 이준석 선장 재판 과정, 그리고 청해진, 김경일의 모든 과정, 그리고 당시 해경에 의한 녹취 자료라든가, 또 기자들이 많이 모아왔던 거를 종합해서 저희가 조사 대상으로 하는 거죠. 그리고 당시 저희가 느꼈었던 거, 많은 것들, 의혹 이런 것들이죠.

면담자   가족협의회 내 진상조사분과위원회에 속해 계신 건 아니죠?

준영 아빠   아, 저는 진상분과에는 안 [속해] 있어요. 가족협의회에는 있죠, 가족이니까. 당연히 협의회 가족 일원이고 진상분과에는 지금 안 하고 있어요. 제가 올 1월 달에는 진상분과에서 일을 했었어요. 일을 했다가 3월, 4월 수술하면서 이제 결합을 못해요. 지금은 한 걸음 뒤에 있죠. 근데 그 분과다 뭐다 자리가 중요한 게 아니죠. 많은 곳에서 부모님들이 열심히 진상을 파고 있기 때문에, 그리고 많은 부모님들이 그 남대문세무서에 소재한 특조위에 결합을 해서 위원들과 많은 얘기를 하면서 다그쳐요. 그리고 특조위도 아까도 얘기했듯이 20일경에 청문회 준비도 해야 될 것이고. 그리고 특조위에서 또 청문회 가기 전에 다음 준가 다다음 주에 수중 촬영을 계획하고 있어요. 그래서 그 중국, 그 달리하오호 바지나 현대보령[호] 바지에 올라가지는 않고 선박을 이용을 해서 작업을 하고, 팽목항에 왔다 또 다시 하는 건지 정확하게 일정은 아직 안 나와 있는데 준비 중이에요. 그게 빠르면 18일 정도, 19일 이때 3일 4일 정도 일정을 잡는 거 같애. 아직 공식적으로 발표된 게 아니라 어, 이제 실행하는 거는 좀 확정이 돼야만 안이 되니까. 또 선생님 하고 있으니까는 전반적인 가족 얘기니까 다 하는 거죠.

3
특조위 조사에서 최우선으로 조사해야 할 것

면담자   예, 그렇죠(웃음). 저희가 인터뷰를 해보면 진상조사 분과위원회 활동에 대해서도 부모님들이 생각하시는 바가 조금씩 차이가 있잖아요? 예를 들면 '어느 부분이 더 돼야 된다'거나 '어떤 활동이 더 주가 돼야 된다' 이런 것들에 대해서 입장 차이가 있을 수 있는데 어떠세요?

준영 아빠   부모님들마다 생각하는 면이 다르니까 조사 신청이 자기가 우선 제일 의문 나는 거를 일순위로 잡고 가죠.

면담자	예, 그렇죠.

준영 아빠 그래서 어떤 부모님은 왜 안개 낀 인천항에서 출항을 했냐.

면담자 그렇죠. 출발한 배경에 대한 의문인 거죠.

준영 아빠 또 어떤 부모님은 "왜 세월호 배를 탔냐, 비행기로 갈 수 있었냐, 그러면 왜 바뀌었냐?" 이런 부분을 물어보시고, 그리고 "7시에 회항했다고 그러는데 그게 뭐냐" 이런… 각기 대상이 많아요. 저도 물론 그런 모든 것들은 다 의문이 있지만 가장 중요한 건 "왜 구조하지 못했나, 해경 그리고 그 전달을 누가 했냐", 그러니까 "당시 목포서장인 김문홍도 인근에 있으면서 왜 구조하는 데 대해서 쳐다보고 있었나". "그동안 [구조 가능 시간이] 4시간 정도는 있을 것이다, 왜 학생들이 그렇게 탔는데 적극적인 구조 활동을 못했나". 김석균이도 그렇고 이주영이도 그렇고, 또 상부체계 올라가면 김기춘이랑 박근혜 또한 그랬고. 이게 가장 크다고 봐요, 저는.

면담자 그런 부분과 관련해 '이것이 우선순위가 돼야 한다'고 의견을 밝히는 부모님이 계시면 가족협의회 총회든가 진상규명 분과에서 조율이나 설득 과정이 있는지요?

준영 아빠 가족협의회에서도 지금 부모님들이 각기 생각하고 있는 조사, 그거에 대해서 접수를 받아요. 그러면 정리해서 특조위에 전달을 해요.

면담자　예, 그럼 약간 우선순위에 두고 부모님들한테 이런 걸 먼저 한 다음에 이렇게 한다는 식으로….

준영 아빠　이제 금방 제 생각은 그런 부분이 아니라 조사기간이, 접수가 내년 3월 달까지예요. 금방도 얘기했듯이 단순하게 그냥 인권침해 이거보다는 "왜 죽었나, 왜 구조하지 않았냐?" 이게 일 순위라고 생각해요. 그리고 왜 배가 급변침을 했나, 외부의 충격이냐 아니면 선원들의 고의성이냐, 배에 이상이 있는 거냐, 명확한 변침의 원인, 크게 그런 것들이 나와야만이 그거를 토대로 진상을 조사해요. "왜 안개 낀 데서 출항을 했냐?" 여기도 오늘 조사내용이 있지만 '생존 학생 수송 과정 중 보호 조치가 제대로 안 됐다' 이런 거는 진상 조사가 아니죠. 이건 안전성이나 인권 보호에 대해서 물어봐야 될 부분이에요. '덜덜 떠는 학생들을 담요 하나 못 씌우고 했냐' 이 조사 대상보다는 '왜 그 학생이 그렇게 됐냐'라는 원인을 먼저 잡아내야죠. 그래서 조사를 집중해야지요. 특조위 조사기간이 짧아요.

면담자　그러니까 시간 안에 제일 중요한 것들을 잡아서 조사하는 식으로 가야 된다?

준영 아빠　예, 그렇죠. 작은 거에서 올라가다 보면 작은 걸로만 끝날 수밖에 없어요. 특조위 그 자리, 법으로 만든 자리에서 가장 몸통부터 치고 들어가야죠. 그럼 술술 나오죠. 자기가 그 자리에서 빠지기 위해서는 다음 놈을 제시를 해야죠. 청문회 또한 몸통을 붙

92

준영 아빠 오홍진

잡고 늘어져야만이 밑에서 떨어지는 거예요. 안 그러면 예전에 해양심판원이나 감사원에서 나왔던 꼬리 자르기식의 발표밖에 안 나오거든. 그리고 조사 대상이 너무 방만하고 많다 보면 열거하는 데만 4, 5개월이 흐르고, 결국은 정부 발표 자료에 의존해서 그대로 진상 조사가 끝나요. 그래서 그 사람들, 특조위[위원들]한테 정말 가족들이나 4·16연대라든가 많은 풀뿌리 사람들이 모아서 얘길 했을 때는 큰 건 몇 개만 잡고 늘어져서 이 특조위가 끝날 때까지 변침과 책임자가 누군가만 밝혀놓으면….

면담자   그게 가장 핵심이라는 거죠?

준영 아빠   그렇죠. 거기에 총 매진을 하게 되면 올해 안에, 그러니까 내년 3월이고 8월 요때 되면 끝나는데, 특조위에서는 '전원회의 결과 내년 연말까지 하겠다'는 말 나왔고, 또 일부에서 결의는 '세월호 인양하고 6개월을 하겠다'고 결의를 모았는데, 저놈들이 그렇게까지 물러나지는 않을 거란 말이에요. 그러면 짧은 기간 안에 가장 효율적으로 조사를 하고, 그 권한을 갖고 갔을 때에 이런 자잘한 부분은 좀 접어두고 진짜 변침의 원인하고 이러한 큰 건부터 건드려놔야죠. 제 생각은 이제 그런 거예요.

면담자   가족협의회에도 임원들이 계시잖아요? 아버님 생각과 임원분들 생각이 좀 일치하는 편이세요, 어떠세요?

준영 아빠   이제 조사 대상에서 차이가 좀 나죠. 다른데 목적은 하나니까, 아직 서로 시간이 있으니까 이해하고 순서를 정하는 거예요. 그리고 또 적극적으로 가야죠. 그래서 바로 오늘도 아까 좀 전에 제가 얘기했던 [4·16연대] 4·16모니터[팀에서] 책임성 갖고 온 사람한테 승질[성질]을 낸 거예요. "나는 부모다. 4·16 회의 안건 상정할 때 내가 얘기하는 것도 감안을 해서 방향의 키가 제일 먼저 어디인가에 대해서 봐달라"라고 얘기를 하는 거예요. 그 사람들이나 가족협의회에서 이 건이 더 중요한데 내 안건을 갖고 '이게 먼저다'고 땡겨올 수는 없잖아요. 근데 내 의사를 그 사람들한테 전달하는 과정에서 순간 이제 생각이 옳으니까 소리가 커진 거죠.

면담자　　　그럴 거 같아요. 시간이 한정되어 있는 조사에 대해 생각을 하다 보면….

준영 아빠　　　그래서 큰 게 변침, 국정원과 세월호의 관계 하나만이라도 제대로 파내면 세월호의 진실이 나오잖아요.

면담자　　　혹시 그런 생각이나 의문들은 4월 달에 장례 끝나고 나서 활동하면서 가지게 되셨는지, 언제부터 하셨어요?

준영 아빠　　　그 생각은 아이를 데리고 오면서부터 시작이 됐죠.

면담자　　　왜 구조가 안 됐나…?

준영 아빠　　　그렇죠, 그때부터 생각을 갖고 있었죠. 그랬기 때문에 5월 달 들어왔을 때 분향소에서 서명을 많이 할 때 많은 사람들은 그랬어요. '특검제 도입'이라고. 그래서 1차, 이제 지역 단위나 풀뿌리에서 서명을 할 때 산발적으로 '세월호 특별검사제 도입 서명운동' 이렇게 나왔었는데 저희 가족들은 "그게 아니고, 좀 더 기다려봐라. 세월호 특별법을 만들어야 된다. 특별법 안에 청문회와 특검제가 들어가야 된다"고 얘기를 해서 6월 말부터 준비를 했고 7월부터 특별법 제정에 들어갔었던 거죠. 그리고 저도 7월 14일 날 특별법 제정이라는 걸 안고 광화문 단식을 시작했었구요.

면담자   그 이전에도 특별법으로 많이 처리될 수 있도록 의견을 계속 밝히셨던 거죠?

준영 아빠   그렇죠, 예. 그리고 5월 전에도 '특별법 제정 촉구 서명' 전국으로 많이 하러 갔죠, 포항도 내려갔었고 여러 군데, 5월부터. 아이는 4월 말에 데리고 와서 5월 초부터, 그리고 5월 초에 KBS 항의 방문 가고, 또 5월 달에 여의도 [국회] 본회의장 말고 의원회관에서 2박 3일 동안 있으면서 세월호 [국정조사]특위, 당시 이완구라든가 그 뿌릴 때도 계속 있었죠, 여의도에. 그러니까는 시기적으로 봐도 5월 초부터 머릿속에는.

면담자   계속 그것만 생각하셨어요?

준영 아빠   그렇죠, 잡아야 된다.

4
광화문 단식 농성에 참여한 과정

면담자   다음은 7월에 광화문에서 단식을 하신 상황에 대해 여쭤볼게요. 8월에는 저희도 '시민단식단'으로 같이 가고 그랬는데요, 그때 어떠셨어요? 이렇게 하면 사람들이 외면하진 않을 거야, 아니면 아들과의 약속… 어떤 생각을 하면서 단식에 참여하셨는지 궁금합니다.

준영 아빠   단식 참여 동기는 그러니까 당시 7월, 저희가 12일 날? 전국 버스 투어 서명을 반별로 전 지방 돌고 있을 때 여의도 국회의사당 들어간다고, 서명이 끝나지 않은 상태에서 차를 돌려갖고 여의도로 들어왔어요. 전날 특별법 협상이 시작이 되면서 '부모로서 할 수 있는 것은 다 하자'라는 의지를 모은 가운데 '그 방편 중 하나로 단식도 해야 된다. 단식의 자리는 의사당하고 세종대왕상 앞이다' 전날 저녁에 그렇게 결의를 모으고, 아침에 밀짚모자 하나 들고 광화문 들어왔을 때 기자회견을 했어요. 처음에 한 10명인가 이렇게 시작을 했어요. '단식 후에 어떻게 될지 모르겠다'는 생각은 안 했어요. 광화문에 다섯 명이 제일 먼저 들어왔고, 단식하러 처음 들어왔을 때는 '내 애가 왜 죽었는지 국민들한테 알려야겠다' 그리고 '아들 위해서 간다'는 생각은 했어요.

면담자   유민 아버님은 특히 오래 하셔서 건강이 많이 악화

되기도 하셨지요. 아무튼 그때는 국회부터 청운동, 광화문, 정말로 여러 군데에서 부모님들이 싸우셨는데 이후에는 다른 데로 옮기셨는지….

준영 아빠   그렇죠. 광화문에서 8일인가 단식하고 먼저 정리하고요. 병원에서 3, 4일 있다가 안산에서 광화문 도보가 또 있어요. 그때 여의도에서 같이 합류했었고.

면담자   그때 안산에서 학생들이 왔었던 것으로….

준영 아빠   예. 학생도 오고 부모도 올라왔대요. 그리고 의사당에서 또 장기 농성을 했죠. 국회의사당에서 노숙 농성해서 거기서 자고, 그리고 청운동에 계속 들락날락거리고… 계속 그 안에 있었죠.

면담자   지나고 나서는 어떠세요?

준영 아빠   그러니까 아직은 그런, '지나고 나서 뭐 했다' 이런 거는 머릿속에 그렇게 안 떠올라요. 대신 '하나도 밝혀지는 게 없고 그때나 지금이나 똑같은 상황이다'는 거. 그리고 그 안에 느꼈었던 것들은 처음에 5월 달이고 6월 달이고 서명 막 올라오고, 보면서 '세월호는 단순하게 나만의 그런 사건이 아니구나'는 것들을 이제 알게 되고.

면담자   이건 구조적인 문제다?

준영 아빠   그리고 '많은 국민들이 하고 있다'는 거. 거기에 이제 위안, 마음이 든든해지는 거를 느꼈죠. 저 같은 경우에는 7월 단식하고 의사당에서 계속 ○○이, 동생도 같이 세 식구가 여기에서 잤어요, 많이. 올해, ○○이는 의사당에 있으면 경찰 애들도 있고 화장실 갈라면 멀잖아요. 그래서 그거를 많이 해결하지 못해갖고 방광염도 조금 걸렸었어요. 그때가 ○○이가 중학교 3학년 때죠. 또 방학 때는 계속 붙어 있고 학교 갈 때는 엄마가 집에 있고, 낮에는 와 있다가 저녁에 가고, 토요일 날 되면 의사당 와서 자고.

그리고 이제 9월 넘어서 그 가족협의회 대외협력 쪽에서 전국 간담회가 그때부터 많았어요. 그래서 준영이 엄마하고 간담회를 전국적으로 많이 다녔어요. 지금도 계속 다니고 있구요. 작년 7월 말 이때는 차 끌고 전라도 갔다가 경상도 넘어갔다가, 금요일 되면 오고.

면담자   그럼 ○○이는 혼자 학교 다니고….

준영 아빠   그렇죠. 방학 때는 또 같이 다니고. 그래서 밀양 송전탑[밀양송전탑반대투쟁] 갔을 때도 ○○이하고 같이 갔었고, 너무 멀리 갈 때는 데리고 다니고 그랬었어요.

면담자   예전에 아버님 20대 때, 젊었을 때도 현장이나 이런 데 많이 보셨잖아요. 이제 시간이 30년쯤 흐른 다음에 다시, 뭐랄까 투쟁의 현장에 다시 서 계시는 거잖아요. 뭔가 차이가 있다고 생각이 드시는지 아니면….

준영 아빠   제가 이제 아이, 그 세월호 사건, 그러니까 세월호 참사가 일어나지 않았었으면 지금도 애 둘만 바라보고 직장생활을

준영 아빠 오홍진

하는 그런 아빠였겠죠. 그 아이의 죽음을 통해서 아이의 진실을 밝히겠다고 이제 거리에 나왔던 거구요. 근데 지금 거리에 나와서 있던 모습이나 제가 봤던 80년대 중반 이후의 모습이나 변화된 건 없어요. 현 정권은 현 정권 그대로 자기들을 위해서만 존재를 하고, 재벌 또한 자기네들의 뱃속 불리기에만 바쁘고. 물론 뭐 세월호 참사도 그 이명박 시절의 규제 완화 부분이 박근혜 넘어가는 과정에서 그 해사안전법, 선박법[을 개악해서 선령]이 20년에서 30년으로 넘어가면서 19년 된 일본 나미노우에호, 세월호죠, 그 배를 들여온 거죠. 그 배가 인천항에 들어오기 전에 미리 대출을 다 받아놓고, 증개축 비용까지 받아놓고 그런 불법적인 배를 갖고 운항하고, 그것도 똥배에다가 증개축을 해서 더 망가진 종이배를 끌고 천 명, 구백몇 명 정원이라는 걸 달고 운항을 하다 이렇게 사고가 났죠.

면담자   구조나 사회의 변화 이런 것들도 있지만 나이가 들어서 시위하고 있는 사람들을 볼 때 젊었을 때와 느낌이 다르잖아요? 그런 면에서 다른 부분도 있으신지….

준영 아빠   아뇨. 그때 생각이나 지금 생각이나 똑같아요.

면담자   똑같으세요? 여전히 이런 문제에 대해서 나서는 사람들이 있구나….

준영 아빠   아 그럼요, 고맙죠, 바로 지금도 거리에 나오고 '세월호 특별법 서명' 6, 700만 명 해줬던 사람들을 보면서 '아, 이 사람들이 80년 이후 생각들을 갖고 있었는데 다만 못 나왔었던 것뿐이

다'. 그리고 나름대로 김대중이고 노무현 정부에 민주화다 어쩌다 해서 감춰졌던 거 이런 부분들, 그 사이에 그렇게 거리에 나오는 일은 많지 않았잖아요, 7, 8년 전인가 광우병 외에는. 그 이후에는 거리에 나온 적이 없잖아요, 각 단위 현장이나 삶의 터전에서 싸웠던 부분이기 때문에. 많은 시민들, 넥타이[부대라든가, 종교적인 사람들이 없었었거든요. 근데 지금 세월호 그거를 놓고 정부 싸움을 할 때 넥타이 [매신] 분들도 많이 오시고 종교계 사람들도 많이 나오잖아요. 저희 부모들은 그래요. "시민들이랑 다 같이 해내지 못한 거를 다시 만들어야겠다. 그리고 이후에는 이런 병폐적인 세월호 같은 것은 없애야 한다". 그래서 가족들이나, 특히 엄마들이 많지는 않지만 뛰고 있고, 또 이렇게 계속적으로 나올 수 있었던 건 자식이기 때문에, 이거는 결코 넘어가지 않는 거죠.

그리고 요번에 부모님들, 그러니까 저희 희생자 가족이죠, 100명이 넘는 분이 소송에 참여를 했다라는 건, 250명 희생자 중에 100여 명 그러니까 "반이 안 된다"고 사람들이 말해요. 근데 바꿔서 '100명 이상 자식을 잃은 사람이 소송을 했다'고 봐야 되죠, 전체적으로 몇 퍼센트가 아니라. 그리고 생존 학생이나 일반인에서 130여 가구가 소송에 참여를 한 거잖아요. 그렇다면 그 사람들은, 민사소송은 지리하고 길어요. 빠르면, 쟤들이 손을 들면 1, 2년 안에 끝날 수도 있지만 길고 저희가 또 항소하고 들어가면 최하 5년이에요. 그러면 그 법정 공방을 담보로 해서라도 잊혀가는 그 끈을 부모들은 잡고 법정에 서서 증언을 하며 정부하고 싸우겠다, 근데 그 가족이 100가구가 넘는다는 건 아버지, 엄마해서 200이야, 자식들 식구들 다 따지면 직계만 1000명이고.

이 세월호는 그렇게 잊혀지거나 그냥 예전에 [경주 마우나]리조트[사건이]나 [태안사설]해병대[캠프] 참사에서 덮어가면서… 그분들이 그러잖아요. "그때 더 싸우고 더 진실을 밝히기 위해서 노력을 했으면 이렇게 많은 아이들이 학살당하진 않았다" 이렇게 얘기를 해요. 물론 연장선상이겠지만 그래서 저희 부모들은 남은 삶이죠. 부모님들 어머님들, 짧게는 40대 초반, 아버님들은 많게는 50대 후반이잖아요, 남은 생 2, 30년 싸워야죠.

5
배·보상 신청 개시 후 소송에 참여한 이유

면담자　5반 부모님들 중에서도 보상받으신 후 안 나오시든지, 못 나오시든지, 이사를 가신다든지 그런 분이 혹시 계세요?

준영 아빠　가족들 중에 이사하신 분들이 많아요. 많은데 그러니까 바로 저거죠, 꼭 거기서 이사한다기보다 전세 계약기간이 만료가 되면 이사를 하죠. 그리고 방값을 올려달라고 하면 어쩔 수 없이 이사를 하죠. 그런 계약 부분으로 이사를 하신 분이 많고요. 나름대로 국민성금이라든가 동부보험에서 나와서 남은 식구들, 그러니까 기존의 언니, 오빠, 형 이렇게 같이 두 방이나 한 방에서 생활을 하다가, 그렇다 보니까는 '남은 자녀를 잘 해야겠다'라는 차원에서 방 하나 얻어주기 위해서 이사하신, 경제적인 측면에서 이사하시는 분도 많아요.

또 제가 금방 얘기했듯이 백몇 가구가 소송을 했으면 나머지 분들은 변호사 합의에 날인을 한 거죠. 근데 각기 부모님마다 생각이 다르니 그걸 어떻게 제가 물어볼 수는 없어요. 경제적이라 그러면 경제적일 것이고 "너무 힘들어서 안 하면 안 한다"는 부모님도 계세요. 근데 제가 할 수 있는 최선의 얘기는 "소송을 접수했건 배·보상을 접수했건 그건 중요한 게 아니다. 다만 자식을 잃었다면 배·보상받아도 진상 규명해야 된다, 거리에 나와서 같이 피켓을 들자". 근데 시행령 안에 정부의 배·보상을 받게 되면 진상 규명을 못 한다, 이후에 구상권 청구를 못 한다는 조항이 있어요.

면담자   예, 그렇죠.

준영 아빠   안 하면 되죠, 안 하고 부모님들하고 같이 거리에서 피켓 들고 진상 규명하면 돼요. 다만 걸리는 게 이후 구상권 청구, 집회시위에 대한 금지예요. 그러면 집회시위하고 경찰들이 잡으러 오면 내 뒤로 숨어서 나를 이렇게 밀면 되는 거예요, 그럼 내가 잡혀가지, 그 사람 잡혀가는 거 아니야. 그럼 나는 소송을 했으니까, 인정을 못 했으니까 법원 가서 "내 주관으로 했고 당당하다"고 집회에 대해 얘기를 하면 돼요.

면담자   보상받으셔도 나와서 같이할 수 있는 건 하자는 말씀이신데, 그래도 보상받으신 부모님은 나오기가 좀 불편하실 수 있잖아요.

준영 아빠   그렇죠. 거리낌이 있어요. 그리고 가족분들 중에서도 그런 분들이 있어요. "야, 배·보상받았는데 분향소 뭔 낮으로 오냐?" 이렇게 얘기하신 부모님도 있어요. 그게 이제 상처가 되니까 부모님들이 좀 발걸음이 뜸하죠. 그리고 총회할 때도 조금 뜸했다가 '어디서 지원이 온다거나 또 다른 혜택이 있다' 그러면 갑자기 총회 인원수가 많아요. 그래서 저도 어쩔 때는 좀 씁쓸해요. 집에 가는 길이 참 공허해져요, 저도.

면담자   그렇죠, 예.

준영 아빠   먼저도 정관 개정에 의해서 가족협의회… 근데 '200 몇 가족 와서 정족수 이상이어서 회칙이, 정관이 통과됐다'고 그러더라구요. 저는 그때 동거차도 섬에 들어가 있어서 위임장을 내놓은 상태구요. 그래 섬에서 그 얘기를 들으니까 착잡하더라구요. 지금도 거리에 나와서, 아니면 팽목항이고, 교육청[교실] 존치[피케팅]이고….

면담자   좀 해주시면 좋은데.

준영 아빠   그렇죠. 직장 다니시는 분은 퇴근하고 자기 시간 8시부터 8시 30분 딱 요거만 '내가 전철내리는 곳에서 피켓을 들다 집에 가겠습니다' 그럼 좋죠, 자기 있는 곳에서 짧게는 10분만이라도 같이할 수 있는 부모가 되면 좋은데, 벌써 이제 "힘들다"고 얘기하는 부모도 있어요. 그래서 가끔 그런 표현을 해요, "자식인데 왜 포기를 해야 되냐". 보면 그냥 얘기 안 해요, 그냥 이렇게 스쳐가요. 괜히 보고서 이런저런 얘기하다가, 서로 입장 얘기하다가 얼굴 붉혀지면 같은 자식 잃은 부모를 떠나서, 내 아들 친구 부몬데 아들 친구끼리 해서 집에 놀러 와서 그 부모를 만났으면 밥 한 그릇 먹을 수 있는데… 그래서 그냥 외면할 때도 있어요.

6
동거차도 감시단 활동

면담자　동거차도 가셨던 얘기를 방금 하셔서 그것도 좀 여쭤보고 싶은데 언제 들어가셨던 거세요?

준영 아빠　제가 섬에 들어간 것이 23일 날, 그리고….

면담자　10월 23일 말씀하시는 거죠?

준영 아빠　예. 그래서 29일 날 나왔어요. 일주일 간격으로 이렇게 로테이션으로 들어가요.

면담자　동거차도 카톡 단체방이 있다고, 거기에서 아버님들끼리 순번을 정해서 하신다면서요.

준영 아빠　예, 그 가족회의 안에도 여러 개의 밴드도 있고 카톡도 있어요. 예를 들면 전 5반이잖아요, 5반 부모님들의 톡이 있고 그리고 전체 가족협의회 방인 밴드가 있구요. 또 부모님들 중에 간 담회라든가 이렇게 많이 나가시는 밴드가 있구요. 소모임들마다 서로들 연락처를 알게 되고 텔톡[텔레그램 단체방]이다, 카톡이다가 있어요. 그중에 동거차도 알림방이 있어요. 그러면 그 알림방을 통 해서 오고 가는 사람들끼리 공유를 하죠. 그래서 "섬에서 뭐가 어 떻게 필요할 것이고, 어떻게 한다", 처음 가는 사람한테는 "이런 게 좋겠다".

면담자 　　　준비물도 좀 알려주고.

준영 아빠 　　　예. 그리고 당일 바지선에서[어떤 움직임이 있는지], 이렇게 발치에서 보는 망원경이나 카메라를 통해서 영상 촬영을 다 해요. 800미터짜리 하나 있고, 400미터짜리로 촬영을 하고 망원 경을 보면서 일지를 써요. 중국 달리하오 바지선 옆에 예인선이 몇 시에 들어오고… 망원경으로 보면 대략적으로 알아요, 사람 타고 내리는 거.

면담자 　　　왔다 갔다 하는 게 보인다고 하시더라구요.

준영 아빠 　　　예, 그리고 컨테이너 같은 거 옮기는 게 보여요. 그 러면 그걸 시간대별로 적어놔요.

면담자 　　　근데 아버님께는 이 활동이 어떤 의미가 있으세요? '이거라도' 해야겠다고 하시는 분도 있고 '진상 규명을 위해 제대로 하라는 압력을 넣기 위해' 참여하는 분도 있을 텐데.

준영 아빠　　아, 동거차도 지키는 거요? 동거차도 그러니까 가장 좋은 방법은 현대보령 바지선이나 중국 바지선 위에서 작업하는 거를 지켜보는 게 최선이죠. 그리고 매일 해수부나 중국 상하이샐비지의 브리핑을 받는 게 최고죠. 그게 가족과 함께하는 인양이에요. 근데 해수부도 감추는 게 많아서 가족 참여 안 시키고 상하이샐비지도 그래요. 그렇다고 가족이 배를 띄워서 그 침몰 현장을 돌면 해수부에서 또 막아요. "안전이 뭐 어쨌다" 해서 1마일 안으로 못 들어오게 해요. 그러면 할 수 있는 게 없잖아요. 그래서 저희는 동거차도 맞은편에 서서 걔네들이 작업하는 거를 두 눈 부릅뜨고 보는 거죠.

면담자　　동거차도 감시 활동은 처음에 누가 제안하셨어요?

준영 아빠　　[가족]협의회에서 많은 부모님들이 같이 얘기가 나온 거죠. 그리고 이 섬에 동거차도 지킴이 들어가기 전에 작년에도 동거차도 섬 바위에 텐트 하나 쳐놓고 부모님들이 그 침몰 현장을 보고 있었어요. 그때가 이제 작업을 안 할 때죠. 그래서 동거차도 섬에 천막, 기둥이 있었던 것을 예전에도 봤을 거예요. 제가 이어도 [이어도호. 수중에서 촬영과 조사가 가능한 첨단 장비를 갖춘 인양조사선] 타고 수중 촬영 그때 들어갔을 때 먼 바다에서도 천막이 보였어요. 그러니까 저희 가족은 예전부터 준비를 하고 있었던 거예요. 침몰 현장에 계속 있었고 또 침몰 현장에 배들이 들어오는 거를 저희가

확인을 해서 정체불명의 배가 들어오면 해수부에 "그게 뭐냐? 답을
달라" 그러면 얘네들은 전부 쌩까죠. 그래서 계속적으로 침몰 현장
을 지키고는 있었어요.

면담자　　　　어느 분과 올라가셨어요?

준영 아빠　　　5반 부모님들하고 같이 갔어요.

면담자　　　　함께 가신 분들은 몇 분이셨어요?

준영 아빠　　　세 명.

면담자　　　　아, 세 분. 가실 때 약간 역할분담 이런 거 하셨어요?
음식은 누가 하고 같은(웃음).

준영 아빠　　　아뇨, 그냥 부모님하고 가서 같이 햇반 데워서 먹고.

면담자　　　　그렇죠. 밤에는 시간이 너무 안 가지 않으셨어요?

준영 아빠　　　아뇨, 밤에도 계속 망원경으로 지켜봐요. 12시, 1시
이때까지. 그리고 카메라 걸어서 해풍이나 바닷바람, 비 오고 그러
고 이슬 너무 많으면 카메라 작동이 불가능하잖아요. 머리맡에 놓
고 새벽에 일어나는 대로 또 걸어서 촬영을 하고 망원경으로 계속
지켜보고, 아까 얘기했던 동거차도 방에 상황 일지 계속 올리고.
그리고 망원경 보면 배가 쫙 땡겨지잖아요, 그럼 크레인이 이렇게
움직이는 거 그건 핸드폰으로 찍어서 그 방에 올려주고. 또 영상
촬영하다 기가[이동식저장장치]가 다 차면 테라[대용량 저장장치]에다
옮겨서 다른 거 꽂아서 안산 갖다주고. 그러니까 첫날부터 걔네들

이 이동하고 예인[선] 들어오는데 모든 일정은 [알고] 있죠, 작업하는 건 못 봐요.

그래도 계속 있음, 있음으로써 상하이샐비지나 해수부 애들도 심적인 압박감을 느끼죠. 가족들이 그 바다를 지켜보고 있고, 또 저희가 그래요, 일주일에 한 번씩 교대를 해서 들어갈 때 배를 타고 동거차도로 바로 들어가는 게 아니에요. 현대보령이나 중국 바지를 한 바퀴 선회를 해요. 선회를 하면서 현수막을 들고 해상 시위를 약 10여 분 하다가 섬으로 들어가요. 이걸 가족들이 계속하고 있음으로써 걔들도 그걸 느끼죠. 그리고 저 맞은편 섬에서 써치[서치라이트, 탐조등]를 켜고 보고 있기 때문에, 걔들도 누군가 보고 있다면 그 사람의 행동이 제약을 받잖아요. 그래서 많은 사람들, 이해하지 못하는 사람들도 있지만 이해를 더 하는 사람이 많아요.

면담자　　　같이 간 세 분은 좀 더 친한 분이세요?

준영 아빠　　친한 것도 있지만 시간적으로 활용을 했기 때문에.

면담자　　　그때 시간이 가능하다 이렇게 해가지고….

준영 아빠　　그래서 제가 주체로 "이렇게 가자" 그래서 갔어요.

면담자　　　다른 아버님들도 직장생활 잠깐 쉬고 같이 가셨던 거세요? 아니면 휴가내고 가셨던 거세요?

준영 아빠　　휴가내신 분도 있고 시간대가 맞아서 가신 분들도 있고 또 반별로도 들어가고. 아마 다음 주에는 어머님들이 들어갈

준영아빠 오홍진

거 같아요.

면담자　　음, 근데 화장실은….

준영 아빠　　해놨어요.

면담자　　아, 진짜요?

준영 아빠　　한번 보여드릴까요? 이번에 들어가신 분들이 화장실을 좀 만들었어요.

면담자　　매번 들어가시면서 "시설이 막 좋아진다" 그러면서….

준영 아빠　　예. 조금씩 예, 보완을 합니다.

면담자　　서로 말씀하시더라구요 "야, 나 때는 이런 것도 없었는데 좋아졌다"고.

준영 아빠　　(사진을 찾는 중) 한참 넘어가네. 아, 이거 물대포 쏜것들, 밴드에 올라오고 뭐….

면담자　　아, 그렇죠. 지난 주말 사진이에요?

준영 아빠　　이게 동거차도 카톡방이에요.

면담자　　동거차도 카톡방에 몇 분이나 계세요?

준영 아빠　　이제 엄마들을 위해서, 이거 좀 보세요.

면담자　　아, 진짜 똑같다!

준영 아빠　　보셔도 돼요. 이렇게 천막으로 해서 이렇게 땅을 파서 [화장실]을 만들고 나중에 흙으로 파묻으면 되니깐.

면담자   그렇죠. 지금 숙소는 어떻게 돼 있어요?

준영 아빠   숙소, 천막이요? 천막이 지금 어떻게 돼 있냐면요, 어, 사진이 어디로 갔냐? (사진 찾음)

면담자   앞에 파라솔도 생기고, 이제 겨울 준비도 좀 됐네요.

준영 아빠   (웃으며) 달아났죠?

면담자   아, 그렇구나, 어머님들도 이제 가시는구나.

준영 아빠   그리고 밑에, 마을에 방이 조그만 게 하나 있어요. 그래서 밤에 너무 일기 안 좋고 비바람 치고 강풍 불면 그 위에서 있기가 힘들어요. 밑에 내려왔다가 새벽에 올라가고, 교대로.

면담자   아, 이 활동도 현재로서는 상하이샐비지 활동이 종료될 때까지 간다는 거죠?

준영 아빠   촬영하면 이렇게 근처까지 [시야에] 들어와요. 이건 이제 핸드폰으로, 저 카메라 앞에서 찍은 거잖아요. 근데 이거를 노트북으로 보면 더 선명하죠.

7
가족협의회 임원들과 운영에 관한 생각

면담자　　2기 임원이라고 해야 되나요, 전체 회의가 있다고 하시던데 그러면 새로운 임원진을 선출하는 건가요?

준영 아빠　　아, 임원이요? 그렇죠, 임기가 1월이나 2월이면, 이제 또 3기라고 하죠?

면담자　　예, 3기라고 하더라구요.

준영 아빠　　가족들이 추천을 해서 그 안에서 이제 또 사람을 선택을 하는 거죠. 연임이 될 수 있고 위원장이나 집행위원장이 바뀔 수도 있고.

면담자　　1기 활동과 2기 활동에 차이가 좀 있었는데, 아버님 혹시 '시기에 따라 가족협의회 활동의 성격이 좀 달라졌다' 이런 생각해 보신 적 있으세요?

준영 아빠　　글쎄요. 1기[집행부가], 아시겠지만 대리[기사 폭행사건] 불미스러운 일 때문에 집행부가 전원 사퇴를 하고 바뀐 거죠. 근데 1기나 2기나 사업을 하는 과정은 아이를 위한 진상 규명의 차원에 매진을 했었던 것이죠. 그거를 가족이 보면서 누가 잘 했다 못했다… 똑같애요, 그냥 도토리 키 재기지. 다만 이제 만나는 자기 선들이 틀렸다는 거죠. 예를 들어서 1기 김병권이가 야당 의원하고 정보라든가 사업들을 펼쳤을 때 새정치[새정치민주연합] 몇 명

111
•
2회차

인데 지금 2기는 다른 선에 있을 수도 있고. 근데 방향은 같죠, 어차피.

면담자　　아버님 입장에서는 별로 상관없으세요?

준영 아빠　　상관이 크게는 없어요.

면담자　　예를 들면 가족협의회 차원에서, 특히 1기 같은 경우에는 정치랄까요. 안산에 보궐선거가 있었잖아요. 그러니까 이런 거까지 가족협의회에서 참여하는 것들에 대한 우려를 얘기하는 분도 계시는 것 같더라구요.

준영 아빠　　뭐 하나하나 열거하긴 좀 그렇구요, 각기 부모들이 알아서 잘하겠죠. 그렇다 그래서 이거 이렇게 합시다, 저거 저렇게 합시다…. 다만 한 가진 그거죠, "위원장이고 집행위원장이고 자기가 돌아다니는 선에 대해서 확고하게 보고체계를 갖고, 누구를 만났거나 누구 의원을 만나서 얘기를 했으면 무슨 얘기를 했다는 거를 가족총회 때 공지해 달라, 그리고 무슨 생각을 갖고 만났는지 총회에서 얘기해 달라". 뭐 계획적으로 만났겠어요? 다 아이들을 위해서 만났으니까 일단은 믿고 같이하는 거죠. 그리고 그 안에서 잘못된 부분은 반 대표나 임원회의 통해서 얘기를 하죠.

　　근데 초기만 해도 그때는 서로들 경황없는 상태에서 그 집행부 위주로 흘러갔었던 거는 맞아요. 왜냐면 이틀 만에 아이 데리고 온 부모, 한 달 만에 데리고 온 부모, 또 데리고 와도 49재 하기 전에 힘들어서 집에 있었던… 되게 힘들었던 시기에 집행부 임원들이 결정하기에는 사람들이 많지가 않잖아요. 그래서 소수 그룹에 의해서 진행이 됐었던 것은 사실이에요. 그런데 그 사람들이 단순하게 개인적인 인맥이나 자기 면 내세우기 위해서 했던 일은 아니고 가족들 위해서 일했던 거기 때문에. 물론 눈에 많이 안 보인 점도 있었죠, 그냥 좋게 보인 점도 있고 해서 하나하나 나열하기는 그렇구요. 나름 열심히 했어요, 그리고 지금도.

제가 계속 얘기하고 싶은 거는 '1기 때 이렇게 했고, 2기라고 그래서 그 사람들이 안 오면 안 되고 같이 융화해서 건설적이게 하면 좋겠다'는 생각이에요. 그렇다면 내년 1월, 2월이고 임원 선출을 하게 되면 1기 했던 사람이 선출될 수 있고 아니면 새로운 사람이 또 올라올 수 있고. 그렇다 그래서 그 자리가 명예직이거나 내세우는 자리가 아니고, 뭐 봉사직도 아니고 자기 아이를 위해서 하는 자리니까 아무나 그냥 나와도 돼요, 상관없어요. 그리고 그 사람이 한다 그래서 뭐 바뀌거나 안 바뀌거나 없어요.

면담자   그런 것도 별로 없군요.

준영 아빠   예, 초기에 총회할 때 의자 집어던지고 막 싸우고 이랬었어요, 부모들끼리 막 욕하고. 부모들이 각기 생각이 다 다르잖아요. 우리 선생님이 보다시피 그렇잖아요, 간담회에 이렇게 가면 각기 부모님이 [가족]협의회 타이틀 걸고 간담회하는 거예요, 그러니까 자기 개인의 간담회가 아니잖아요. 얘기가 내 아이의 얘기로 초점이 모아지지만 결과는 "협의회가 무슨 일을 하고 있고, 우리는 이러이러한 일을 하고 있다"고 그 사람들하고 공유하는 거잖아요. 부모님들도 1, 2살 먹은 애들 아니고 고등학생 아니고, 다 자식 키우는 부모기 때문에 속물적인 사람은 없어요.

면담자   그래도 서로 의견이 달라서 말싸움하거나 이런 모습 보시면 마음이 아프시죠?

준영 아빠   그렇죠. 그리고 아이들이 많아요, 그렇다 보니까 부모도 많아요. 똑같은 생각으로 갈 수 없어요. 어느 부모는 '수직적으로 진상 규명하라'고 생각하고, 저나 오늘 특조위에 이렇게 오신 부모님들은 "임원회고 다 떠나서 수평적인 입장에서 진상 규명을 하라, 내가 세 개 알고 있다고 하나 감추는 게 아니라 내가 세 개 알고 있으면 세 개 같이 까놓고 얘기하자" 이런 사람들이거든요. 근데 또 아닌 부모도 있겠죠. 내가 저 사람보다 이만큼 더 아는 거를 갖고 있는 거예요. 그래 그 사람 얘기하면 "내 껀 이만큼" 하면 내가 잘난 줄 알죠. 자식 잃은 사람이 잘나고 못난 게 뭐가 있어요, 밑의 얘기부터 처음부터 끝까지 다 까놓고 얘기해야죠. 모르면 모른다고 그래요, 난. 수현이 아버님이 예전에 진상분과장을 했었어요. 모르면 전화해요, 대놓고. "이거 어떻게 되는 거야. 좀 가르쳐 줘" 그래요, 그러고 배우는 거죠. 모르는데 괜히 아는 척하고 앉아 있으면 뻘쭘하잖아요. 그래서 난 모르면 아예 대놓고 물어봐요. 그리고 자료 있으면 달라 그래요. 그러면 또 그분 또한 핸드폰이고 메일이고 아낌없이 [자료] 다 넣어요.

면담자   수현 아버님은 뭔가 계속 알려주시고 같이 공유하려고 하시는군요?

준영 아빠   예, 그분이 지금 [가족]협의회에서도 주체적으로 가장 많이 진상[조사 관련 자료] 이런 걸 많이 갖고 있어요. 갖고 있다가 조만간에 가족협의회에도 주겠지만, 밖으로 다 낼 거예요. 밖으로 다 터트려 버릴 거예요, 자기가 갖고 있는 모든 걸 다 밖에다 던지고, 온 국민이 다 보라고. 그분이 맨날 그래요. "다 내놓으면 나도 법정으로 갈 수도 있다, 정보통신망이라든가 현 정부 비판이라든가에 들면", 근데 그렇게 되면 "고맙다" 그래요, 다들. 나도 그럼 이제 그 얘기를 갖고 법정에 가서 증언을 하면서 내가 합당하다는 재판을 받는 거죠. 그것만큼 가장 고무적이고 당당한 싸움이 어딨겠어요, 직접 국가하고 싸우는 거죠. 그 길을 택해야죠.

8
성당 활동을 통해 시작한 사회운동

면담자   국가와 싸우겠다는 생각도 쉽지 않고, 실천하는 것은 더 어렵잖아요. 아버님은 젊은 시절에 국가와 싸웠던 경험을 해 보셨는데 혹시 사회운동에 참여하기 전에 대화를 나누거나 했던 가족이나 형제가 계셨어요?

준영 아빠   저 군대 가기 전에도 우리 식구들은 사회사업이나 사회비판적이거나 그런 거에 대해서 그렇게 논의한 적이 없었어요. 저는 군대 가기 전에 막연하게나마 '내가 일한 만큼은 받아야 된다'는 생각은 항상 머릿속에 담고 있었어요.

면담자   일을 하시다가 군에 입대하셨어요?

준영 아빠   그렇죠.

면담자   그럼 주변 위장취업자들이라든지 노조의 영향 같은 걸 받지는 않으셨어요?

준영 아빠   제가 82년도에 군대 갔어요. 그 당시만 해도 그건 없었죠.

면담자   굉장히 억압받던 시기였죠? 숨도 잘 못 쉴 정도로….

준영 아빠   80년도에 저희 친구들이, 삼청교육대 갔다 온 친구도 있어요.

면담자   아, 그래요?

준영 아빠   예. 지금 부천 사는 친구가 있는데, 걔는 술집에서 술 먹고 이제 싸움 좀 할 줄 알았었는데 삼청교육대 갔다가 두 달인가 있다 나왔고, 상도동 사는 친구는 거기서 쉽게 얘기해서 거부 같은 것도 하고 말을 좀 안 들어서 한 3년 정도 거기서 있다가 나왔어요. 그런 모습을 봤을 때 그때만 해도 아직 사회가 나쁘다, 어쩐다 보다[는] "전두환이 그 새끼, 나쁜 새끼다", "아니, 저게 모야, 저게. 응?" 그리고 "박정희 독재라 뭐 맞아죽었어도 당연하다" [정도의 생각?? 그러니까 거리에 나갈 생각은 안 했지만 그런 생각들은 갖고 있었죠.

면담자   10·26 사태 나고 박정희 장례식 할 때도 보통은 슬퍼서 울었다고 하던데요?

준영 아빠   아뇨, 전혀 그런 거 없어요. 잘 죽었네….

면담자   잘…(웃음).

준영 아빠   근데 84년도 겨울에 제대하고 85년도에 집에 있으면서 성당에 가고, 85년 말, 86년도 이렇게 성당에서 다니는데 어, 우리 성당에도… 어디나 다 청년회, 그 이렇게 생각들이 있는 친구들이 많잖아요. 그래서 친구나 후배들을 만나면서 미사 후에 '2차 주회[레지오 등 성당 내 단체에서 매주 하는 공식 회합]'라고 그러죠? 한잔씩 하며 서로들의 얘기를 하는 과정에서 "어, 그렇다면 우리도 성당 안에서 뭐라도 좀 해봐야 되는 거 아니겠냐?" 87년 전에도 성당에서 저거를, '청년주보'라고 저희가 수유리 한신대학원 기숙사에서 (A4 용지를 가리키며) 요거 네 배만 한 거죠, 청년주보라 그래서 한 면에는 신앙, 민중 신앙 그러니까 '성서에 가난한 사람들'이라고 그런 것들을 싣고, 뒤에는 현안….

면담자   사회적 현안이요?

준영 아빠   예, 청년 미사 때 애들한테 이렇게 나눠주고, 저희가 만들어서요. 한 대여섯 명이 모여서 수유리 한신대학원 기숙사…

그 수유리 한신대 가보셨어요? 거기 들어가면 맨 끝에 산 있는데 거기 있어요. 성당에서는 못 하니까 거기서 하룻밤 날 새면서 이렇게 해서, 우리 성당에 이렇게 나눠줬더니 반응이 좋아서.

면담자 　　　아, 청년분들이요?

준영 아빠 　　　옆에 있는 성당도 나눠줬어요. 그리고 당시 제가 이제 성당에서 청년회 활동도 많이 하고 봉사단체인 '레지오'도 다녔었고 그리고 바깥의 친구 애들, 이제 성당 외적인 친구 애들도 알았던, 그쪽에 있었던 애들도 있었던 거예요.

면담자 　　　레지오요?

준영 아빠 　　　아니요. 민청련[민주화운동청년연합].

면담자 　　　아, 민청련이요, 예.

준영 아빠 　　　그러니까는 그 코스를 이렇게 가는 거죠.

면담자 　　　그러면 따로 합숙훈련 같은 것도 같이 다니셨어요?

준영 아빠 　　　아니, 그런 거는 아니고. 이후 86년, 87년, 88년 계속 이래 넘어오는 거예요. 그 안에서 자리 잡고 각 본당마다 연계를 해서 본당에 많은 팀들이 만들어졌어요.

면담자 　　　여러 성당이 연계해서 민주화 운동을 하신 거군요.

준영 아빠 　　　그렇죠. 그리고 88년도 같은 때도 교황 왔을 때 올림픽기념관에서 행사했었잖아요? '젊은 성찬예배', 사제단 사람들하고 손잡고 "국가보안법 철폐"라는 현수막을 갖고 성찬지 안에 들어갔고, 스티커 사람들 다 붙여주고….

면담자   국가보안법 철폐 요구, 통일과 분단의 문제, 이렇게 연결이 되는 거군요.

준영 아빠   그러면서 본당에[서] 87[년 항쟁]때 광주 비디오 상영하고 또 저 수유성당 가서, 원정 나가서 틀고 의정부 넘어가서 하고.

면담자   무섭지 않으셨어요?

준영 아빠   하, 무섭긴 뭐가 무서워요. 그리고 우리 그 성당에 풍물패 '새뜨기'를 만들고 또 '사람사랑 청년회'도 만들었어요. 이 교회 안에 있는 청년회가 아닌.

면담자   지역 청년회요?

준영 아빠   본당에 거점을 두고 일단 애들이 있으니까 '한얼'이라는 성서신학공부 팀하고 '새뜨기'라는 풍물패랑 해서, 신학적으로 우리 신학이죠, 해방신학, 교회에서 되게 싫어하는 거, 그리고 민중신학이라는 거. 그러니까 뚜렷하게 커리[커리큘럼]는 잡지는 않았지만 우리 자체의 커리, 민족해방 철학이라든가 근현대사라든가, 성서에서 보면 뭐 이런 거….

면담자   같이 보고.

준영 아빠   많잖아요, 이런 커리를 해서 주에 두 번씩 공부한 거 가르치고 또 풍물 가르치고, 좋죠.

119
•
2회차

면담자　　　연령대도 다들 비슷하셨던 거죠?

준영 아빠　　　친구도 있고 후배들 있고, 그리고 고3 애들도 있고, 그리고 성당에서 가장 대우받는 지위 가진 주일학교 선생들도 있고. 그러면서 지역에 청년회들 있잖아요, 애들도 같이, 그러니까 교회 청년회 안에 있으면서 바깥에 있던 청년회와 연계를 갖는 거죠. 그래서 그 청년회는 들어갔다 나오고.

면담자　　　80년대 후반에는 정파 갈등이 심했다 그러던데….

준영 아빠　　　예. 그 당시에 각 대학가도 엔엘(NL)이니, 피디(PD)니, 엔디아르(NDR)이니 뭐…. 우리 같은 경우에도 그런 게 많았었어요. '가민련', 가톨릭민속연구회라고 걔네들도 있었고, 이와이시(EYC)니 이런 단체들이 많았어요, 교회 쪽에도. 근데 서로들 벽 쌓기, 이런 사업에서, 우리 같은 경우에도 본당에 치고 들어갈 때 우리 노선을 갖고 들어가고, 걔네는 걔네 나름대로 노선을 갖고 들어가고….

면담자　　　본당에서도 그런 갈등이 좀 있었어요?

준영 아빠　　　예, 그러니까 지구를 따먹을라고. 그러니까 서울 대교구 안에 많은 지구가 있잖아요, 접수하려고. 1지구, 2지구, 3지구 그러면 3지구는 저 불광 쪽이고 의정부 이쪽 8지구고, 우리 도봉구 쪽은 6지구고, 지구 다 따먹어야 되잖아요.

면담자　　　학교에서 총학생회 투표하는 것처럼….

준영 아빠   근데 뭐 옛날 얘기죠. 저희 같은 애청[민족통일애국청년회] 같은 경우에는 엔엘 계열 쪽으로 주로 많이 싸웠구요. 가민청[가톨릭민주청년공동체]이라든가 가민련이나 많은 애들은 피디 계열 쪽으로 많이 싸웠어요. 그래서 이제 확보 차원에서, 그리고 그 안에 이제 맹[남한사회주의노동자동맹] 애들하고 피디 애들이 같이 묶어서 나오고.

면담자   (웃으며) 가톨릭도 다 연계가 많이 되어 있었네요.

준영 아빠   아, 그럼요. 되게 많이 있어요. 근데 어차피 사업을 크게 할 땐 같이해요. 그 안에 가톨릭은 또 팍스(PAX)라고 있잖아요. 가톨릭학생회, 학교 가톨릭학생회 애들하고 같이. 그때 우리 동생 애들 데리고 일했던 애들이 지금 정의당에 있는 기호, 서기호 걔가 서울대 팍스 회장할 때였었죠. 그래서 이제 기호가 또 애들 많이 데리고 오고. 그래서 광화문에서 단식할 때 저는 동상 앞에 있을 때 기호는 저쪽에 있으면 저녁에 만나서 같이 얘기도 하고 그랬었거든요. 저희가 팍스 출신들이 많아요. 학교 다닐 때부터 교회 차원에서 그쪽에서 계속 활동하다가 교회 넘어오고 성당도 다녀야 되고, 그리고 성당 다니면서 그 안에 많은 사람들이 있잖아요. 그 사람들이 우리 편이고 또 넘어서 이제 다른 서울지역, 서청협[서울민주청년단체협의회]이라든가 전청협[전국청년단체대표자협의회]이라든가, 한청협[한국민주청년단체협의회]이라든가, 이렇게 계속 산하단체로 됐잖아요. 그랬다가 한청협하고 서청협이 깨진 거 아시죠?

면담자　　　　예.

준영 아빠　　　노선 싸움이에요. 서청협은 아까도 얘기했던 통일문제라든가 범민련[조국통일범민족연합] 부분도 안고 들어가야 된다, 근데 한청협에서는 범민련 부분을 안 안았잖아요. 그래서 서청협이 거기서 퉁그러져 나가면서 이제 금이 가고, 이후에 대안이 없으니까 한청협이 없어지고 동지애[동지 관계]로만 남은 거고. 근데 서청협 안에 넘어오면서 보면 아직도 나라사랑청년회는 그대로 있어요.

면담자　　　　있지요, 나라사랑청년회.

준영 아빠　　　예, 신촌에. 근데 전 몰라요, 지금은. 예전에 OB 멤버들만 알아요.

면담자　　　　근데 과거에 활동했던 걸 좀 후회하는 분들도 있던데 아버님은 그렇진 않으신가 봐요?

준영 아빠　　　아뇨, 전 후회는 안 해요. 왜냐면 제가 했었던 게 옳았기 때문에.

면담자　　　　'그때 너무 심하게 싸웠어. 이런 식으로 왜 그렇게까지 했는지 몰라'라고 생각하는 분도 계신데….

준영 아빠　　　아니요, 당연히 해야 할 일을 했었던 것뿐이에요.

면담자　　　　아니, 내부에서. 정부에 대응한 거 말고 그 정파 간의 싸움이나 좀 폐쇄적인 면도 있었잖아요. 그런 거에 대해서 물론 힘들고 보안이 중요해서였지만 그래도 너무 비인간적이었다는?

준영 아빠   아니, 그렇지 않아요. 그 안에서 서로 작업하는 데에 대해 서로 노선 싸움은 있을지언정 거리에 나왔을 때는 같이 나가 야죠.

면담자   그렇게 갈등하고 그런 사이 아니었어요?

준영 아빠   아이, 뭐 그렇지 않아요. 그렇게 욕하고 치고받을 사이는 아니에요. 대신 '대권을 누가 잡냐?' 이거에 대해서 고민을 많이 하죠. 왜냐면 머리가 우리면 아무래도 우리가 일하기가 수월한 거고, 쟤네가 위면 쟤네가 일하기가 수월한 거죠. 그리고 그 안에 가서 또 애들을 데리고 오면 되죠. 그래서 순화시키고 세뇌시켜서 데리고 오면 되죠. 그게 조직사업이고 대중사업이죠.

면담자   아, 자신만만하고 유능한 그런 지도자셨을 것 같아요.

준영 아빠   아니, 그렇지도 않아요.

면담자   이제 준영이 어머니 만난 다음에 활동을 접었다고 하셨잖아요? 근데 준영이와도 사회적인 문제에 대해서 같이 대화를 나눈 적이 있었다고 하셨는데, 기억하시는 게 있으세요?

준영 아빠   그러니까 결혼하기 전에 준영이 엄마도 같이 시위 현장에 다녔어요, 제 영향에 의해서 다녔고, 결혼해서 준영이 가졌을 때도 낳기 전까지는 같이 현장에 다녔었고 준영이 낳고 나서도.

그 당시에 서울 살았으니까 후배들이나 집에 이렇게 자주 오고, 저는 자주는 못 갔지만 그래도 한 달[에 한 번]이나. 그 시기는 좀 침체기였고 특별하게 사회적인 이슈가 없었던 시기여서 거리싸움 같은 거는 없었어요. 가투나 이런 건 없고, 기존에 단체들의 명맥 유지를 위해서 만나서 "지역에서 뭐를 하냐, 유인물 나눠주냐", "잊혀가니까 회원들 확보를 많이 해야 된다".

주로 그런 내부결속 이런 부분을 얘기하다가 준영이 낳다 보니까 그렇다 그래서, 제가 경제적으로 이렇게 빵빵하지 못하니까 안산으로 내려오고 회사에 들어가서 일을 한 거죠. 그리고 준영이가 아시다시피 고등학교 2학년이었으니까 사회적인 주제의 대화는 힘들죠. 힘든데 대신 초등학교나 중학교 다닐 때 "엄마, 아빠가 옛날에 임마, 너 애기 때도 데모하러 다녔어, 임마" 그러면 "그게 뭔데, 뭔데?" 이렇게 물으면 "어, 사회를 그래도 조금이라도 변혁시킬라고 엄마나 아빠는 그런 생각을 가졌다. 너가 나중에 크면 다 얘기해 주마" 이런 차원이었지 뭐. 얘네들 클 때만 해도 IMF 넘어가고, 광우병 이후 거리[시위]나 특별하게 사안도 없고. 근데 지금 만약에 우리 아이가 세월호 배를 안 타고 평시 고등학교에 들어가는 시험을 봤더라면 우리 아이도 세월호 집회에 나왔겠죠, 그쵸? 그리고 저도 많지는 않지만 서명하고 이런 큰 집회에 친구 따라 나왔겠죠. 그러면서 예전에 했던 게 기억 속에 올라오면 시간 날 때마다 들르죠. 이게 솔직한 얘기예요.

면담자   그랬을 거 같아요.

준영 아빠   만약에 준영이가 대학생이 됐다면 사회적인 얘기에 대해서 물어보면 "예전에는 이렇게 했다"는 거를 충분히 대답을 해 줄 텐데…. 고등학교 2학년 막 올라갔을 때니까 사회적인 현안이나 시국 현안에 대해서는 그렇게 많이 얘기할 시간이 없었죠.

면담자   1년 6개월 정도 활동하신 가족협의회에서도 활동에 적극적으로 참여하신 편이잖아요?

준영 아빠   그렇죠.

면담자   그중에서 제일 기억에 많이 남는 활동, 아니면 좀 후회가 되는 일이 있으신지요?

준영 아빠   후회되는 거는 없었던 거 같구요, 다 잘 했고. 후회된다면, 후회되는 활동이라면 '좀 더 폭넓게 많은 가족들이 나왔으면 좋았을걸' 하는 생각, 그리고 이렇게 단발로 끝나는 행사, 이런 게 많이 아쉽죠. 그리고 좋았던 거는, 좋다기보다 당연히 해야 할 일이었죠. 단식이다, 삼보일배다, 그리고 팽목 도보, 안산서 광화문 올라오는 도보, 그리고 의사당과 청운동 노숙 농성, 그리고 또 미수습자[가족]하고 분수대 1인 피켓, 1인 시위… 바깥에서는 여러 개 하지만 홍대, 청운동, 계속적으로 전체적인 행사에서 빠진 거는 없이 계속 결합을 했어요. 팽목에도 계속 가 있었고. 근데 그런 행사 속에서 아쉬운 게 한번 몰아치기 하고 그다음에 후속적인 거에 대해서 좀 많이 빠그라진 거, 기획 이런 부분이 좀 아쉽고. 그럴 수밖에 없는 게 뭐냐면 자식 잃고… 기존의 이런 사회 활동가들이 아닌.

면담자   그렇죠. 그냥 부모님들이죠.

준영 아빠   엄마, 아빠들이 많이 했기 때문에 많은 시행착오도 있었고 잘못 판단하는 것도 국민들이 봤을 때 많이 봤을 거예요. 그러면서 그 안에서 이제 조금씩 조금씩 자리 잡는 거죠. 저 같은 경우에서 예전에 변혁이다, 뭐 크게 얘기해서 사회를 바꾼다, 괜히 더 거창한 표현을 많이 썼지만 지금 생각하면 '옛날에 너무 내가 과한 표현을 했던 거 같다'는, 나이 먹으면 좀 그런 걸 느끼잖아요. 그리고 바깥에서 시민 활동을 봤었던 거하고 내 자식을 놓고 싸우는 거하고는 크게 차이가 있어요.

면담자   그렇게 느끼세요?

준영 아빠   예. 그때하고 지금하고는 틀려요. 지금은 쉽게 얘기해서 '해경 애들 보면 죽이고 싶은' 생각이에요. 근데 예전에는 적당히, 이렇게 거리에 나와서 적개심을 갖고 싸워도 어느 정도 협상이라는 게 있었어요. 그러니까 예전에 87, 88 때 이렇게 보면 명동성당에 대치해 놓고 앞에 전경 애들하고 같이 커피도 먹고 김밥도 먹고 그러다가 "야!" 하면 또 치고받고 싸우다가 또 길 건너 YWCA 골목에 내려가서 자장면 먹고 올라오면서 전경한테 "야, 수고한다" 이랬어요. 하도 앉아서 대치하다 보니까 알잖아요. 근데 지금은 걔만 보면 막 욕하고 달려들잖아요, 그냥. 어제 경복궁역에서도 청와대 그 경비대하고도 한바탕 막 뒤지게 싸우는 거예요. 지금 이게 자식이기 때문에 눈에 안 보이죠. 그래서 이제 걔네들하고 말을 안

섞죠. 그리고 예전에 연석회의나 뭐 특조위다 재판이다 이러면, 우리 선배들 막 집유[집행유예]받고 재판한다 그러면 '법정투쟁 한다' 그래서 법정 안에서 구호도 외치고 그걸로 또 잡히면 그냥 하루 있다가 훈방 돼서 나오면 그게 이제 별을 달아, 별도 아니지만 나름대로 또 스펙이라고 '야, 저기 누구야, 그때 가갖고 머리띠 매다 잡혀 왔어' 자랑스럽게 얘기하고.

근데 지금은 광주재판 때도 알다시피 속에서 나오는 얘기를 하잖아요, 그게 차이죠. 오늘도 4·16연대 사람들하고 그렇게까지 얘길 안 하면 되는데, 예전 같으면 "야, 이건 이렇게 하고 이건 이런 공식으로 하자, 응?" 이렇게 얘기를 하는데 오늘은 순간적으로 말이 팍 튀어 올라서 승질을 확 냈더니 그 현주 씨라고 쪼매난 애 있어요, 26살 먹은 친구, 갑자기 놀라더라고요. 그래서 내가 얼른 손 잡고 "미안하다. 갑자기 미안해. 너한테 그런 거 아니야. 순간 옛날 팽목 생각이 올라와서 그랬어" 그러고 애 달래주고 광화문 왔어요. 그러니까 누구하고 얘기하다가 갑자기 그냥 자신도 모르게 그냥 확 튀어 올라와요, 그러니까 변한 게 그거예요.

면담자　　　한국 사람들, 같이하는 사람들 말고도 너무 많은 다른 사람들이 있잖아요? 그때 광화문에서 단식할 때도 앞에 와서 폭식하는 사람들, 그런 사람들 옛날에는 없지 않았어요?

준영 아빠　　그때 광화문 막 폭식하고 그거 저 못 봤어요.

면담자　　　인터넷에 너무 많잖아요. 막말하는….

준영 아빠   광화문에 있다가 계속 의사당에서 농성하고 노숙하고 그럴 때, 그리고 광장에 오면 제가 올 때는 조용해요. 제가 왔다가면 "일베들이 그랬다. 어버이연합 왔다" 막 이러더라고요. 답답하죠, 자식 잃은 부모 앞에서 그런 식으로 비아냥거리고 조롱하고 몰아붙여야 되냐, 그거는 부모 의지 흔드는 게 아니라 더 적개심을 갖게 만드는 거죠. 박근혜도 연출해서 어머니 한 사람, 분향소에서 만나고 참 졸속하죠, 뻔히 눈에 보이는 거. 근데 그렇게 보이는 거를 아직도 많은 국민들은 수차례 당해왔으면서도, 나도 그러면서도 그거를 또 당하는 거 보면, 답답하죠.

면담자   막 밉거나 원망스럽거나 그러진 않으세요? 새누리당이 저렇게 막 하는 게 결국 새누리당을 계속 지지해 주는 사람들이 있어서 그런 게 아닌가 뭐 이런….

준영 아빠   그래서 이제 많은 사람들이 "대구, 경북 때문에 나라가 망한다" 그러죠. 근데 지역색이나 이런 거는 못 막아내요. 여의도 가서 의원들하고 그렇게 많이 싸웠던 건 국민이 뽑아준 의원들이 자기 자리들만 차지하고 국민을 외면하는 모습을 보이잖아요, 그래서 의원들하고 많이 싸웠고. 새누리 의원 애들은 뭐 대놓고 그만하라는 둥 그러잖아요, 김을동이는 "유가족이 양보해야 한다"는 둥. 그런 얘기 할 때마다 죽이고 싶죠, 사람으로 안 보이고…. "쓰레기다, 뭐 도둑이다" 이렇게 표현하면 명백히 같은 국민이고 그럴 땐 참……

9
동생 ○○이의 근황과 아버지의 건강 상태

면담자　　○○이 얘기 좀 나눌게요. ○○이는 그런 거를 직접 접하거나 하면 속상해하거나 그런 적 없었나요?

준영 아빠　　개는 참아요, 꾹 참고 얘기를 많이 안 해요, 혼자 삭여요. 근데 개 글이나 프로필 사진 바뀌는 걸 보면, 요번에 수능날짜 프로필에 이제 "오빠 수능 보러 가자" 이렇게 바꾸고, 예전에 글 쓴 거 보면 "오빠 대신 나였으면" 그런 글들을 많이 써요. 그리고 학교 다닐 때 보면 교복에 리본이고 배지고 더렁더렁 달고 다니고요, 선생님도 갖다주고. "내 오빤데 내가 왜 감춰야 되냐" 이렇게 얘기를 해요.

근데 우리 부모님, 그 오빠들 동생들이 회피하려고 그러는 친구들도 많이 있어요. 그게 어린 마음일지 아니면 보여주는 모습이 안 좋아서 그럴지. 그리고 오빠 방이라든가 형 방이 두려워서 이렇게 이사하신 분들도 있어요. 저 탓하지 않아요. 그건 그 사람들의 몫이고 난 나의 몫이다. 사람들이 또 가끔 가다, 다른 부모들이 또 그렇게 물어봐요. "쉬고 싶을 때 쉬고, 돈 벌러 다니고 왜 그렇게 아등바등 죽어라 하냐?" 그렇게 물을 때면 전 그래요. "내 새끼 몫 내가 해야지, 다른 사람 손에 빌려서 진상 규명 안 한다"고. 그리고 부모들 막 우왕좌왕하면 그래요. 이제 반마다 의견이 분분해서 티격태격하거든요. 그러면 난 "당신들 그럴 시간에 난 내 새끼 내가 데리고 가고, 당신 꼭 그렇게 하면 당신 애 이름은 내가 챙겨줄지 언정 당신 아들까지 진상 규명 못 할 수도 있다. 내가 나아가는 데에 대해서는 그렇다고 그래서, 내가 가는 길이 당신 아들이나 당신한테 걸림돌이나 불필요하진 않고 아이들 위해서 가는 거니까 이랬다저랬다 얘기는 하지 마라"고 그래요. 내 아이 내가 데리고 가겠다 그래요.

그러다 보니까는 사람들 만나거나 아까 얘기했던 1기, 2기 눈에 안 들어와요. 그 사람이 못 하면 못 한 거고, 다 자기 자식 일인데요. 바깥에서 이렇게 흔들기 좋은 사람은 배상 접수하면 "부모이기를 포기했다"거나 아니면 "자식을 이용했다" 이렇게 표현도 쓰겠지요. 그건 그 사람 몫이구요. 전 거기에 아, 진짜 동요 안 해요. 준영이 엄마하고 저는 우리 애는 우리 애, "다만 아들을 위해서, 또 커나가는 ○○이한테 창피하지 않는 부모, 아들의 억울함을 조금이라도 할 수 있는 부모 그거면 됐다. 다른 부모 손잡고 굳이 힘들다는 부모 같이 안 가겠다. 그 시간에 한 번이라도 더 광화문에 나가서 피켓을 들겠다. 괜히 거기 사람들하고 얘기해서 나 힘 빠지고 지치고 트라우마 생기느니 그냥 안 보고 나 혼자 가서라도 국민들하고…". 그렇게 정리하고 나니까 사람들 보는 것도 덜 힘들고요. 이건 뭐 우리 애들 일 하는데 뭐 누가 손가락질 하면 어때….

○○이도 그래요. "내가 끝까지 도와주지는 못하지만 엄마, 아빠 하고 싶은 데까지 끝까지 다 하라"고 걔가 그래요. 그래서 지금 준영이 엄마도 아마 의정부에 가 있을 거예요. 간담회 하러, 따로

준영 아빠 오홍진

따로 돌아다니고.

면담자   아버님, 3월 달에 허리 수술 하셨다고 말씀하셨잖아
요. 좀 어떠세요?

준영 아빠   지금요? 3월 달에 수술해 갖고요, 못을 박았어요. 허
리에 인공으로 채워넣고 수술했는데 많이 아프죠. 아침에 자고 일
어나면 많이 땡겨요. 한 30분 정도 운동하면 괜찮구요, 너무 심하
면 이제 진통제 먹고. 근데 그 수술한 자리도 아프지만 그 척추
3, 4, 5, 6 이렇다 그러잖아요. 4, 5번 수술했는데 원래 아픈 사람은
3, 4번이고 5, 6번이고 또 이렇게 연계가 되잖아요. 여기도 그렇게
정상적이진 않아요. 거기에 의해서 또 아픈 것도 있구요. 뼈에다가
아무래도 나사못을 박으니 좀 오래 가죠, 맨살 꿰맨 것보다는.

면담자   그러면 계속 또 서 계시면 허리에 부담이 많이 되잖
아요.

준영 아빠   근데 서 있는 게 바닥에 양반다리하고 앉은 거보단
나아요. 그래서 병원에서도 바닥에 철퍼덕 주저앉지 말고 의자나
서 있거나… 건강한 사람도 그렇게 해야 된대요. 지금은 이제 예전
보다 덜 아파서요, 많이 걷고 허리근력 강화운동 하려고요. 이제
또 몸이 좋아진다기보다 조금 나아져야 오래오래 싸우죠. 아파서
누우면 못 싸우잖아요.

면담자   건강해야 오래 가죠.

준영 아빠　　　그렇죠, 그리고 정신이 맑아야 싸우죠. 못 싸우면 계속 피켓이라도 들고 아이들이 왜 그랬나를 알려야죠, 사람들한테. 자꾸 알리다 보면 최소한 세월호 같은 그런 참사는 되풀이되지는 않을 거예요. 그러므로 사회에, 안전 사회에 조금이라도 [기]여될 수 있는 거죠.

면담자　　　다른 친구들 보면, 특히 형제자매들 같은 경우에는 아픈 친구들도 많잖아요. ○○이는 의연하고 한편으로 부모님 생각에는 고마울 정도로 잘 극복하고 있는 것 같아요. 하지만 스스로 표현하진 않아도 부모님 보시기에 아프다 느끼신 적은 없으세요?

준영 아빠　　　걔요? 작년에 되게 많이 울었어요. 걔요? 저 지방 가 있고 그러잖아요, 팽목 가 있으면 엄마하고 둘이 자다가 새벽 2시에 이렇게 보면 혼자 울고 있기도 하고 막 그래요. 또 ○○이 자기 방에 이렇게 자다가 1시나 2시 되면 깨서 혼자 앉아서 울고 있고 그러더래요. 그래서 가서 얘기하면 "아무것도 아니야" 그러고 자고 혼자 삭히려고요. 그리고 그렇게 칭얼칭얼 대지 않고 광화문 가자 그러면 광화문 따라오고, 여의도 가자 그러면 여의도 따라오고, 아빠 간담회 가는 데 가자 그럼 또 따라오고. 자기 그렇게 아프고 그런 걸 조그맣지만 다 감내하고 엄마, 아빠 하자는 대로 따라오고. 그렇다 그래서 걔가 공부를 등한시했던 건 아니에요. 걔가 다닌 디미고가 좀 학교가 쎄요. 그러니까 이제 상위 10프로 애들이 들어가는 학교예요. 그러니까 중학교 1학년, 2학년 때만 하더라도 디미고에 턱걸이로 들어갈 실력이었어요. 근데 오빠하고 약속을 했기 때문에 사고 이후에 죽어라고 공부만 팠어요, 걔가.

면담자   오히려 사고 이후에 더….

준영 아빠   예, 사고 이후에 공부를 더 했어요. 사고 전에 한 170, 내신 170, 175 이렇게 됐던 게 더 쭉 올랐구요. 졸업고사 때는 영어도 하나 틀리고, 수학도 하나 틀리고 거의 최상급까지 끌어올렸어요, 걔가.

면담자   그건 정말 혼자 다 했겠네요. 부모님 집에 안 계시니까?

준영 아빠   혼자, 예. 그리고 또 혼자 학원 다니고, 영어하고 수학은 계속 죽어라 또 학원을 다녔구요. 지금 학교 가서도 "세월호 애라고 공부 못 하면 또 손가락질받는다"고 이를 악물고 공부를 하고 있어요. 기숙사 방장 애들한테 꿀리기 싫어서 하고. '학교알리미 UNI[군]'이라는 게 있어요, 학생회 말고. 학생홍보팀이 있고, 또 이제 영상하면 내레이션도 하고, 계속 그렇게 학교 봉사활동이고 함으로써 '다른 애들보다 조금 위에 있고 싶다'라는….

면담자   그런 생각을 하는구나….

준영 아빠   그래야만이 "내가 단원고 세월호 동생인데, 나는 그렇지 않다, 난 당당하게 너네들한테 이긴다". 토요일 날 나왔다가 일요일 날 들어가면, 많이 보고 싶죠. 엄마, 아빠 보고 싶은데 참고,

계속 공부만 하고 밖으로 안 나오고. 그래서 고3 때까지 죽어라 한다고 그러면, 그게 너무 고맙잖아요.

면담자   예, 근데 고마운 마음 말고 다른 마음은 없으세요?

준영 아빠   그 모습은 보기 안쓰럽죠, 많이 안쓰럽고 해줄 수 있는 게 많지가 않은 게 미안하죠.

면담자   그러니까 '엄마, 아빠한테라도 좀 힘들다 얘기하지' 싶기도….

준영 아빠   예. 그런 얘기 많이 하죠. "힘들다, 자기도 힘들다"고 얘긴 하는데 그렇게 많이 내색을 안 해요.

면담자   원래 ○○이 그런 성격이었어요, 어릴 때부터?

준영 아빠   아니요. 좀 머슴아 같은 성격이에요. "싫다", "좋다" 막 이런 걸 하는데 작년부터 넘어오면서는 안 해요. 그리고 성격도….

면담자   약간 바뀐 건가요?

준영 아빠   그렇죠, 약간 바뀌고 사춘기도 [참사의] 아픔 때매[때문에] 넘어가고. 그리고 또 자기가 또 미안해해요. 옛날에 오빠하고 같이 있을 때는 몫이 나누어졌는데 지금은 그 몫이 자기한테만 돌아오니까 그거에 대한 미안함을 또 갖더라구요, 애가 부모한테.

면담자   진짜 심성이 착한 친군가 봐요.

준영 아빠   예. 언제 한번 보세요, 보면 애가 괜찮아요. 생각 있구요, 또 친구관계도 원만해요. 그리고 걔가 초등학교 때 방송부도 해봤고요, 어렸을 때 컵스카우트 활동을, 초등학교 3학년 때부터 단체생활을 계속해서 친구들하고 모나거나 이런 것도 없구요. 약간 리더십도 있구요. 아직까지 "나 힘들어" 이렇게 짜증내고 성질내는 거 제가 못 본 거 같아요. 모르죠, 제가 그만큼 밖에[서] 많이 있었는지. 엄마하고의 갈등이 있었을 수도 있죠. 그런 세밀한 거는 엄마를 봐야 알죠, 세밀한 거를 알 수가 있죠.

10
아버지가 생각하는 진상 규명의 의미

면담자   아버님, 이제까지 준영이와의 약속을 지키고 준영이한테 부끄럽지 않기 위해서 여러 가지 활동을 해오셨는데, 아버님께서는 진상 규명에 대해 어떻게 의미부여를 하고 계세요?

준영 아빠   진상 규명이요?

면담자   예. 어디까지 되면 '정말 진상 규명이 됐다' 이렇게 생각하시는지….

준영 아빠   진상 규명이요?

면담자   예.

준영 아빠　　　진상 규명의 완성은 없죠. 전 모든 걸 싹 갈아치워야 되는데 현실적으로는 되지가 않잖아요. 진상 규명, 최소한 책임자 처벌은 있어야죠. 당일 날 지시불이행 했던 사람, 지시를 제대로 안 내린 사람들은 처벌이 돼야죠. 그렇다면 현재 대통령 또한 당시 세월호 사고, 국민이 죽어가고 있는 상황에서 7시간 동안, 물론 그 또한 조사대상이니까 밝혀야 되겠지만 책임지지 못한 박근혜 대통령의 가식적인 그런 눈물 말고, 정말 국민들한테 대국민 사과를 하고 자기 자신의 죄를 뉘우치는 거죠. 그거에 대해서 잘못했다, 그리고 그 자리에서 물러나고 그 밑에 체계들을 처벌을 해야죠. 그래야만이 이후에 이러한 참사가 일어나지 않죠. 그렇다라면 자기 수족인, 대원군이라고 그러는 김기춘이부터 조사 대상이 되고, 국정원이 관여한 부분… 모든 게 조사돼서 자기 죄에 맞게끔 합당한 처벌을 받아야만 이 사건이 종료가 되죠. 그렇지 않고서는 그냥 그대로 가는 그 수밖에 없어요.

면담자　　　최종 책임자까지.

준영 아빠　　　그렇죠. 그 5·18도 발포 명령 내린 사람이 없어서 지금 남고 있잖아요. 왜 박근혜가 구조를 안 했나 그거에 대해서 밝혀주시라고, 그만큼 허술하게 지휘체계가 됐었나 아니면 박근혜가 알고도 모른 척을 한 건지, 아니면 밑에 김기춘 이하가 알면서 박근혜한테 보고를 안 했었던 건지, 박근혜가 김기춘이를 버리든가 아니면 자기가.

면담자　　　　책임을 지든가.

준영 아빠　　　시인을 하고 자기가 처벌을 해야죠. 그래야만이 현재 이 사건이 해결이 되는 거죠. 그러면서 처벌을 받아야만 이후에 이러한 대형 인명사고가 안 나죠.

면담자　　　　책임자가 처벌을 받는 것, 징벌을 확실히 받는 것이 진상 규명에 중요하다.

준영 아빠　　　그렇죠, 당연하죠. 단순하게 서류상으로 "세월호는 뭐에 의해서 변침이 됐고, 누구누구에 의해서 어떻게 됐고, 이래서 아이들은 죽었고" 이렇게만 관련 문서로 남으면 안 되죠. 죄도 법적인, 도덕적인 죄가 있을 것이고 원죄가 있을 것이고, 다 있잖아요. 단순하게 내가 상대방을 죽였는데 형만 살고 나오면 안 되죠. 그 사람이 나한테 했었던, 가족들한테 했던 원죄까지도 받아야 되는 거죠, 사람이라면. 그러니까 그 이준석이가 살인죄를 언도받고 무기징역이 됐잖아요. 그 죄로써 죄가 끝나는 게 아니죠, 원죄라는 거. 자기가 왜 도망을 나왔어야 됐고, 누구한테 명령을 받았고, 왜 애들을 죽였냐에 대한 모든 거를… 양심선언이라고 그러죠, 얘기를 해야죠. 얘기를 하고 진짜 진실되게 참회를 해야 죄도 면제가 되는 거죠. 단순하게 형 살았다고 죗값 다 치렀다고 하면 안 되죠.

면담자　　　　그러니까 법적인 처벌 말고도….

준영 아빠   그렇죠. 안고 있는 죄도 처벌을 받아야죠, 그만큼 해야죠.

면담자   용서와 참회, 이런 과정을 말씀하시는 거네요.

준영 아빠   그럼요.

면담자   만약에 정말 그렇게 되고 나면 그다음엔 뭘 하고 싶으세요?

준영 아빠   그다음에요? 그것까지 생각 안 해봤어요. 그리고 [진상 규명이] 다 된다 [그러]면, 투명하지 않은 얘기들, 제가 담보해 내지 못한 얘기들, 다 될 수 있죠. 진상 규명 다 되고 아이의 억울함, 진짜 눈물 다 싹 풀었다 그러면 이후에 일어날 안전 대비라든가 사회봉사, 지금 광화문이나 이렇게 나오면서 사람들을 지원해 주고 후원해 주는 사람들하고 같이 일을 하고 싶죠. 그러면서 생업에도 종사를 병행하는 거죠.

그렇다고 제가 뭐 평생 시민 활동가라든가 이럴 건 아니니까 계속 현실 속에서 싸울 수 있을 때까지 싸우는 거죠. 이러한 사고만이 아닌, 그때 되면 '삶의 현장'이라든가 생명이라든가 이런 거까지도 넘어볼 수가 있죠. 저는 그래요, 지금 가장 솔직한 심정으로 보면 밀양이고 강정이고 쌍차[쌍용자동차 투쟁]고 눈에 안 보여요. 저는 세월호밖에는 안 보여요. 연대 좋죠, 그 사람들하고 같이하고 같이해야만이 되는 거고, 항상 머릿속에는 생각하고 맴돌고 있지만, 그 사서 그 사람들을 만나면서 같이하고 "고맙다"고 인사를 하면서도 머릿속에는 '세월호 진상 [규명]' 이거밖에 없어요. 아직까지는 이게 제 가장 솔직한 마음이에요. 다른 사람이 욕해도 어쩔 수 없어요, 가장 내 거에 충실을 해야만이 남을 보게 돼요. 내 것도 못하면서 어줍지 않게 '에이, 생존권 싸움은 이렇게 해야 된다', 그 사람들도 나름대로 당면한 큰 싸움부터 하죠. 그러기 때문에 많은 시민 활동가들이 자기 사업들을 넘어가며 세월호 싸움도 같이하는 거잖아요. 머릿속에 항상 아이들의 죽음만 맴돌고 있어요.

면담자　　　　이번에 11월 14일 전국노동자대회 및 민중총궐기 집회 때도 세월호 때문에 나오신 분도 많았는데 그때 광화문을 막았잖아요. 그때 저는 광화문역에 내려서 나가려고 그랬는데 못 나갔어요. 열받았는데, 한편으로는 참 안타까웠죠.

준영 아빠　　　그 부분도 바로 그거예요. 아까 얘기했었잖아요, 경북궁역에서 마지막에 다섯 가족, 다섯 명 남았는데 두 개 출입구역을 막았다구요. 부모 몇 사람이 두려운 정권이 어떻게 304명의 사람을 죽이고도 눈 하나 깜빡 안 해요. 그러니까 그 사람들은 열이 됐건 스물이 됐건, 어차피 자국민이 아닌 거예요. 국가가 손을 놔버린 거죠, 데리고 갈 사람이 아닌 거예요. 그러니까 걔네들은 포기하고, 서 있던 경찰들은 그런 생각을 하고 있겠죠. 우리가 시청 가서 서 있나, 경복궁역에 서 있나 위치는 거의 똑같은 거니까 시키는 대로 막으면 그만인 거구, 그리 가면 그만이라는 거죠.

그리고 저희가 전철을 타면 광화문역에서 안 서고 두세 번은 그냥 지나갔어요. 그만큼 무섭고 그만큼 가족들이 보기 싫으면 진실을 밝히든가, 책임자 처벌을 하든가. 언제까지 회피만 할 거예요. 가족들이 그렇게 무섭고, 그 역에서 전철까지도 못 세울 정도로 두려우면 그런 짓을 하지 말았어야죠. 회피하고 시간 끌고… 제풀에 떨어지기를 바란다는 건 오판이죠.

면담자　　안 떨어져 나갈 거기 때문에.

준영 아빠　　그럼요. 부모는 죽으면 땅에 묻는다잖아요, 자식은 땅에 못 묻죠.

11
어머니와 딸에 대한 심경

면담자　　지금 옆에서 제일 가깝다고 느끼거나 위안이 되는 분들은 어떤 분들이세요?

준영 아빠　　지금 제가 만나는 사람들이요. 이렇게 봤을 때 한 달에 한 26일이 가족들이에요, 부모들. 그분들하고 같이 피켓 들고 같이 광화문 지키는 분들, 제일 많이 만나고 그분들밖에 없죠. 그리고 친구들 만나면 "너무 정면에 나서지 마라" 막 이런 얘기할 때마다 "야, 너도 자식아, 니 아들이 그러면, 내가 너한테 그런 얘기하면 좋겠냐?" 되물어 봐요. 그러면 "그렇게 하자고 그런 거 아니잖아" 그리고 회피하다 보면 서로 뻘쭘하니까 "나 간다, 다음에 보자"

준영 아빠 오홍진

이러고 말아요. 친척들도 "이제 그만하고 그냥 정부, 국가에서 보상해 주면 받고 직장생활 해서 살아야지 너무 맨날 그렇게 해서 어떻게 하냐?" 위로 아닌 위로를 해줄 때 가장 야속한 거예요. 진짜 작년에 힘들었을 때 나한테 한 번 오지도 않은 사람이 그런 식으로 얘기할 때요. 말 안 해요, 말 안 하고 '아이, 저 사람은 남이구나' 외면하죠. 연락도 안 하고 안 봐요. 굳이 내가 갖고 있는 생각 변명하고 싶지도 않구요, 말 섞고 싶지도 않아요. 그냥 '저 사람은 남이다' 그럼 이제 그걸로 끝이에요. 그냥 전화번호 삭제해 버리고, 아쉬우면 또 나한테 전화하겠죠.

면담자 　　　부모님들은 그래도 좀 마음도 통하시고….

준영 아빠 　　저는 어머님, 아버님 다 돌아가셨어요.

면담자 　　　같이 활동하시는 유가족 부모님들요.

준영 아빠 　　예, 계속 같이 다니는 분들 위주로 많이 갔구요. 그리고 또 준영이 엄마와 간담회 계속 갔구요. 그것도 바빠요.

면담자 　　　어머님과는 더 가까워지셨겠네요.

준영 아빠 　　둘이 잘 다녀요. 내일은 준영이 엄마하고 같이 부천 넘어갔다 와요, 그리고 수요일 날은 서울역 쪽방 찾아가고. 동자동 쪽방 그분들 서로 삶의 얘기, 그리고 우리 세월호 아이들이 왜 죽었나 그 얘기도 좀 하고. 간담회죠.

면담자 　　　아, 거기도 가시는 거예요?

준영 아빠   예, 그리고 많아요, 지역에도 내려가고. 그래서 알리
는 게 "세월호 부모들은 아직도 계속 싸우고 있다"는 것들을 많은
단체에 알려야 되고. 또 광화문에 오시는 분들, 아이들 보러 오는
사람들한테도 얘기하고. 아까도 올 때 분향소에 계속 앉아 있어요.
거기 왜 앉아 있는지 아세요?

면담자   글쎄요.

준영 아빠   우리 아이들 조문하러 온 사람들 인사하러. 상주잖
아요, 맞이하느라고 앉아 있는 거예요. 거기 안에 앉아 있으면, 피
켓 들고 서 있는가 할 때 너무 고맙잖아요. 지금도 학생들이고 오
면 꽃 한 송이 놓고, 애들을 봤을 때 우리 애들을 기억해 주잖아요,
잊지 않기 위해서. 그래서 아까 저 온 줄도 몰랐잖아요, 앉아 있다
가 오시니까 일어났는데 마침 본 거예요. 특조위 끝나고 와서 계속
거기 앉아 있었어요. 또 앉아 있으면 우리 애들[영정 사진] 이렇게
하나하나 또 뜯어보고⋯ 사는 게 그래요.

면담자   앉아 계실 때 생각 많이 하세요? 아니면 아무 생각
안 하세요?

준영 아빠   분향소에 혼자 앉아 있으면 애들만 보고 있어요. '아
휴 불쌍해, 왜 이러고 있냐'하고 저 자신에게 이야기하기도 해요'. 그
리고 손님들 오면 가서 인사하고, 피켓 들고 있으면 그냥 멍 때릴
때도 있고. '이걸 어떻게 해야 하지?' 뭐 이런 생각, '다음 달에는 청
문회 있다는데 아휴, 또 어떻게 해야 되나' 이런 거. 그리고 다음 주

는 엄마들 동거차도 들어간다는데 어휴, 엄마들이라 걱정도 되고… 온갖 만 가지 생각이 막 겹쳐요. 어제는 또 조카 결혼식 갔다 왔어요, 저 강변 예식장. 루시아홀인가? 근데 또 '아유, 조카 이노무 가시나 신혼여행이나 잘 갔나?' 그 생각도 들고. 〈비공개〉

면담자   부모님들 생각도 하고, 활동할 것도 생각하고….

준영 아빠   '아유, 우리 어머닌 또 어디 가시나' 그러고. '준영이 엄마나 나도 허리 다 나으면 한 사람은 생업에 붙어서 해야지, 계속 진상 규명하는 데 두 부부 계속 돌아다니면 뭐 먹고사나', 그리고 '이노무 딸내미 잘 있나' 그런 생각… 맨날 그래요. 선생님도 아이 있으니까 똑같이 매일 그러죠?

면담자   여러 가지 생각들이 머릿속에 왔다 갔다 하죠.

준영 아빠   그죠? 똑같애요. 그게 자식 키우는 부모잖아요. 우리 여기 계신 분들도 그럴 것이고. 이거 찍고 있으면서도 '우리 집사람 잘 있나, 우리 딸내미 잘 있나' 오만 가지 생각 다 나죠.

면담자   전화는 자주 하세요?

준영 아빠   예, 아까 특조위에 앉아 있으면서도 준영이 엄마가 의정부 가는데 잘 가나, 딸내미 어제 들어갔는데 또 이를 했어요, 보철교정 해놔갖고 '밥도 못 먹을 텐데…'.

면담자   아프지 않을까, 밥은 잘 먹나….

준영 아빠   그런 생각을 계속해요. 애 키우는 부모가 똑같죠.

스무 살 먹었어도 걱정은 안 줄어들잖아요? 이렇게 잘됐으면 좋겠다 하고….

면담자　준영이 어머니에 대해 좀 달라지신 생각이 있으세요?

준영 아빠　똑같애요, 변화되는 것도 없구요. 근데 [준영이는] 갈수록 더 사무쳐요, 더 보고 싶고.

면담자　그러시군요….

준영 아빠　에. 갈수록 더 생각나고 그래요. 처음부터 딸이 하나였으면 그런 게 없겠죠. 둘을 키우다가 이제 하나 있는데 그놈마저 기숙사 보내고 둘이 있으니까 이제 저녁만 되면 애들 생각나죠. '아유, 이놈의 딸내미 잘 있나' 그러다 아들 사진 보고 눈물짓다가 담배 피러 나갔다가 들락날락, 들락날락하죠. 근데 우리 ○○이가 기숙사 안 있고 집에서 있으면 막 재롱떨고 뭐 어디 가자, 뭐 하다 성질내다 이러다 보면 시간이 더 빨리 갈 수도 있는데, 둘이 애 생각하고 사진 처다보다가 애 생각나고 그러니까, 같이 안 있고 서로… 나는 아들 방에 있거나 딸 방에 있고 준영이 엄마는 안방에 있고. 그러다 그냥 고꾸라지고 자고 아침 되면 나오고….

면담자　간담회 가시거나 할 때 차 타고 같이 움직이실 때는 주로 어떤 얘기 나누세요?

준영 아빠　별로 얘기 안 해요. 그냥 멍 때리고 난 운전만 하고 준영이 엄마는 핸드폰 보고 기사 보고. 그리고 간담회 어디, 이제 같이 차 타고 가면 '오늘은 또 무슨 얘기를 해야, 하고 와야 되나' 곰곰이 생각을 하고 '아, 지금 우리 현황이 어디까지 갔나, 진상 규명을 어디까지 해야 되나' 이런 고민.

면담자　　　어머님은 아버님이 너무 많은 걸 바란다거나 너무 강경하다고 생각하진 않으세요?

준영 아빠　　아뇨. 안 그래요.

면담자　　　대개 의견이 맞으세요?

준영 아빠　　거의 맞아요.

면담자　　　그게 되게 좋은 거 같아요.

준영 아빠　　둘이 똑같애요. 다른 부모님한테 물어보시면 알지만 준영이 엄마도 경찰 애들하고 대치하고 있으면 방패 밑에 들어가서 싸워요, 같이 들이밀고 막 이래요. 창현이 엄마도 똑같구요. 둘이 그냥 막 들이밀어 갖고 계속 버팅기고 있어요, 욕도 빠락빠락 하고. 옛날에는 누가 뭐라 그러면 눈물 흘렸던 여자가 작년에 애 그러고 나서 독기만 남은 거 같애. 그리고 길 가다가 누가 세월호 얘기만 하면 귀가 쫑긋하고, 애들 싫은 소리 하면 그 자리에서 막 욕하고.

면담자　　　아, 그래요?

준영 아빠　　상황실장 얘기하는데, [준영 엄마가] 여기 광화문 와서도 분위기가 이상하다 싶으면 금방 파르르르 해요[한대요]. 예전

엔 그런 게 없었거든요, 남한테 싫은 소리도 못하고 숙맥이었어요. 예전에 이제 보면… 저 술 한잔 먹고 와서 뭐라고 하면 "아이, 술도 먹을 수 있지" 그러면 암말 못 하던 사람이 지금은 내가 뭐라고 그러면, 술은 안 먹었거든요, 그럼 애와 연결이 되면 막 달려들고 난리 나요. 사람이 그렇게 많이 변하드라고요.

면담자　　　아버님, 그런 변화가 어떠세요? 이해가 되세요?

준영 아빠　　그럼요. 저는 준영 엄마 이렇게 애 사진 보고 울다 안방에서 자면… 안쓰럽더라고요, 불쌍해 보이고 처량해 보이고. 그럼 문 꼭 닫고 이제 아들 컴퓨터 책상 이렇게 앉아 있고, 그러다 베란다 가서 담배 한 대 피고, 또 앉았다 또 담배 피고 들락날락 들락날락. 한 반 갑 피다가 텁텁하면 또 잠깐 또 자고….

면담자　　　잠도 잘 안 오시죠? 다들 잘 못 주무시더라구요.

준영 아빠　　자꾸 깨요.

면담자　　　시간이 많이 지났는데요, 오늘은 주로 1년 이후의 활동들과 아버님 젊은 시절의 얘기들, 가족생활 관련해서 여쭸습니다. 다음 인터뷰 때는 여기에서 조금 더 구체적으로 들어가서, 있었던 일과 경험, 기억에 대해 질문을 드리고 싶습니다. 오늘도 너무 소중한 말씀 들려주셔서 감사했습니다. 고생하셨습니다.

준영 아빠　　고맙습니다.

면담자　　　감사합니다.

준영 아빠 오홍진

3회차

2015년 11월 27일

1 시작 인사말

2 근황

3 1차 청문회와 특조위 활동에 대한 의견

4 단원고 교실 존치 문제

5 영화 〈나쁜 나라〉 상영과 영화에 대한 의견

6 4월 16일 당시 목격한 것들에 대한 보충

7 간담회에서 겪은 일들

8 아버님의 향후 바람과 마무리 인사

1
시작 인사말

면담자   본 구술증언은 4·16 사건에 대한 참여자들의 경험과 기억을 기록으로 남김으로써 이후 진상 규명 및 역사 기술에 기여하고자 합니다. 지금부터 오홍진 씨의 증언을 시작하겠습니다. 오늘은 2015년 11월 27일이며, 장소는 오홍진 씨의 자택입니다. 면담자는 장미현이며, 촬영자는 명소희입니다.

2
근황

면담자   아버님, 안녕하세요.

준영 아빠   예, 안녕하세요.

면담자   3차 구술에 응해주셔서 감사합니다. 지난번에는 현재 진행되고 있는 활동과 가족관계, 또 동생과 준영이에 대한 얘기를 많이 나눴는데요. 그 후 거의 2주 정도 지났는데 그사이 어떤 활동이나 생활을 하셨는지 먼저 여쭤보고 시작하겠습니다.

준영 아빠   그렇죠, 광화문에서 뵌 게 벌써 보름 전이네요. 그날 광화문 카페에서 [구술]하고 이후에 광화문광장 세월호 분향소에 아이들 만나러 오시는 분들 조문을 받고 "세월호 인양, 진상 규명"

피케팅을 계속 했었어요. 그 이후에 특별조사위 전원회의에 가족, 피해자의 입장으로 몇 번 참석했었고 집회라든가 또 교육청, 그리고 저희 부모들이 할 수 있는 거 다. 엊그저께는 또 상암MBC 광장에서 공정언론에 대해서 제대로 못 했었던 부분, 그래서 저희 가족 다섯 분이 같이 공동으로 304명의 희생된 아이들의 신발을 놓고 200회 피케팅을 '0416리멤버'[리멤버0416] 멤버들과 교회에서 오신 분들, 많은 시민분들과 했습니다.

또 어제는 수원에 소재한 경기도교육청에서 우리 아이들의 교실, 국가에 의해서 그렇게 버림받았고 외면당했었던 그 아이들의 교실, 그것을 지키기 위해서 교육청 앞에서 또 피켓 시위를 했습니다. 활동은 거의 매일 나갔죠. 근데 그중에서 중복되거나 같이했[던 것도 있기 때문에 하나하나 다 열거는 못하고요. 그리고 12월 18일 날, 그러니까 돌아오는 18일 날 상하이샐비지 인양하는 맞은편 동거차도 섬에서 일주일 동안 감시 들어가려고 일정을 지금 잡아놨습니다. 그것은 일주일마다 부모님들이 릴레이식으로 하기 때문에.

그리고 오늘은 4·16특조위에 김 변호사님하고 돌아오는 14, 15, 16일 세월호 조사 차원의 청문회 증인 참석 여부, 그러니까 당시 세월호 사고와 관련됐었던 것, 그 사람들이 얘기하는 거는 사고라, 그러니까 일단은 그 사람들 청문회 표현대로 사고죠, 저희 부모님들은 '학살'이라고 믿고 있구요. 그 일정 조정을 오늘 오후에 할 예정이구요. 또 돌아오는 월요일은 특조위 전원회의에 갈 문제… 전원회의 과정에서 아시다시피 저희 가족이 조사 개시했었던 부분이 지금 사회적으로 계속 여론에 들끓고 있는데….

면담자   그 박근혜 7시간이 조사 대상으로 들어간 거죠?

준영 아빠   예, 그렇죠. 근데 저희가 그 조사 문건에 냈었던 부분은 박근혜 대통령의 그러한 사생활적인 얘기가 아니에요. 밥 몇 그릇 먹고… 전원회의에서도 표현이 나왔는데 "그분이 뭐 화장실 갔다" 이런 차원이 아니라 "당시 재난 컨트롤[타워]였던 청와대, 국가의 모든 위급 상황이나 이런 것들을 알 수 있는 체계가 과연 올바르게 이루어졌고, 그것을 책임지는 사람들이 그 7시간 동안 과연 보고를 어떻게 받았고, 어떻게 조치를 했나" 그런 부분에 대해서 저희가 조사를 하고자 하는 거지 단순하게 그 사람들의 일거수일투족을 조사하는 거는 아니거든요.

그리고 또 한 가지 당시 4월 16일, 그리고 17일이죠. 17일 날 박근혜 대통령이 팽목항 진도체육관에 왔었을 때 저희 가족들한테 약속했었던 부분, 그리고 아이들의 합동분향소를 열었을 때 대통령이 약속을 했었던 부분, "가족이 원하는 만큼 밝혀주겠다", 그리고 그거에 관련된 것은 "성역 없는 수사를 통해서 한 점 티끌 없이 해주겠다"고 저희 가족과 국민들한테 약속을 했었잖아요? 근데 지금 국가의 모습을 보면 진상 규명이라든가, 세월호 참사에 대해서 조금이라도 밝혀지는 거를 두려워해서 지금 하고 있는 특조위라든가 모든 행동들을 방해하고 제지를 하고 있잖아요.

특조위에 새누리당에서 추천한 위원들이 특조위에 내려지는 예산이라든가 회의를 제대로 하지 않고 "안건을 각하시키기 위해 우리는 전원 사퇴하겠다"라는 행동적인 집단행동을 보여주니까 국민들이나 저희 가족들은 더 의혹에 빠질 수밖에 없는 거예요. 진짜 하나하나 낱낱이 얘기를 해서 진실을 밝혀야 되는데 자꾸만 감추려고 들고. 그리고 그 조사원들의 하는 행동 자체도 우익 보수단체에서는 특조위를 방해하고 국가에 대해서 "종북이다, 좌익세력이다"라면서 고소고발장을 지금 넣고 있는 상태예요. 이 세월호의 진실을 과연 그 사람들은 밝힐 것인가 안 밝힐 것인가, 많은 국민들한테 숙제를 내줬죠.

3
1차 청문회와 특조위 활동에 대한 의견

면담자　　　이번에 청문회가 시작이 되는데 부모님들과 여러분들이 조사할 사항에 대해 제출했다고 하셨어요. 많이 채택이 된 상태인가요?

준영 아빠　　　지금까지 청문회에 대한 부분은 특별조사위 전원회의에서 비공개회의를 하고 있습니다, 공개적인 회의가 아니고. 그래서 그 청문회 관련에 대해서는 아직까지 단 한 줄도 발표된 것도 없고 저희 가족하고도 긴밀하게 회의한 게 없어요. 왜냐면 청문회 안 내용이라든가 청문회에 나올 수 있는 증인들 신상 공개가 있기 때문에, 그런 거는 지금 이제….

면담자　　　밝히지 않고 있는….

준영 아빠　　그렇죠, 외부에 누출이 되면 안 되죠. 사전에 청문회 사람들이라든가 저희 법률지원 사무실에 계신 분들하고 어느 정도 얘기가 나와 있겠죠. 근데 그게 가족들이라든가 다른 사람들한테는 보안상 유지를 하고 있어요.

면담자　　　아, 조사 항목을 결정하잖아요?

준영 아빠　　예.

면담자　　　부모님들이 조사해 달라고 요구한 사항들이 조사위 전원회의에서 많이 채택이 됐는지도 잘 모르시고요?

준영 아빠　　그거는 지금 저희가 그 올 9월부터 내년 3월 11일까지, 그때까지 피해자 조사에 대해서 접수를 계속 받고 있어요. 그래서 저희 가족이 지금 약 한 80여 개, 한 100가지 좀 안 될까 조사 신청을 냈고, 앞으로도 3월 달까지 모든 가족들이 그 조사에 참여할 수 있게 조사신청서를[가] 합동분향소, 특조위 사무실, 4·16연대 회의장, 그리고 우리 회의하는 장소인 경기도미술관협의회에도 비치가 돼 있어서요, 지금도 부모님들이 조사신청서를 쓰고 있어요. 그리고 조사신청서를 썼을 때에는 단순하게 신청서와 날인이 되는 것이 아니라 '조사를 하게 되면 무엇을 조사한다'고 조사한 사람이 직접 특별조사위에 참여해서 구술이든 아니면 녹화든 기록에 남겨

놓고 있어요. 그리고 조사할 때는 아이의 사체검안서라든가 가족관계증명서를 동반해서 조사를 하죠. 특별조사위 차원에서도 조사를 하지만 우리 부모님들에게 팽목에서 일어났었던 일, 그리고 보고 느꼈던 것, 들은 것이 아니라 직접 보고, 그 정부나 쟤네들의 그 행동 일거수일투족을 다 지켜봤잖아요, 그래서 가장 증언을 잘할 수 있는 사람이니까. 그리고 특별조사위에서는 그동안 정부에서 발표했었던 것도 조사, 분석을 하고.

그리고 요번에 특조위에서 아시다시피 먼저 주 화요일인가 수요일부터 일요일까지 세월호 선체 수중 촬영을 했었어요. 약 4회에 걸쳐서 직접 아홉 명의 잠수부를 고용해서 네 번 정도, 가장 물살이 잔잔한 시기에 길게는 2시간 짧게는 1시간 10분 정도를 네 번에 걸쳐 수중촬영을 하고 지금 판독하고 있어요. 거기에 대해서 좀 모자라면 추가로 다시 수중조사를 할 예정인데 상하이샐비지 측, 그러니까 국가에서 인양을 내준 업체 상하이샐비지 팀하고 해수부에서는 2차 수중 촬영을 하게 되면 제제를 한다고 그러더라구요. 그 내용은 자기네들이 인양 작업하는 과정에서 그 수중 촬영을 하면 늦춰진다라는 그런 답만 나오고 있어요. 근데 지금 동거차도에 계신 부모님들이나 전반적으로 인양이 진행되는 모습을 보면 걔네들은 그냥 계속 자리만 지키고 있지 더 이상의 유실망 작업이라든가 이런 것들은 진행되지 않는 걸로 지금 확인되고 있어요.

면담자　　아버님은 그래도 미수습자들을 찾을 때까지 찾아보고 그다음에 인양으로 생각을 하시는 거죠?

준영 아빠 오홍진

준영 아빠　　아뇨. 1차 인양은 작년 9월 말, 10월 초쯤에 구조, 수색은 끝났구요. 지금 그러니까 상하에샐비지에서 하고 있는 작업은 그 배 안에 있는 잔존물, 유류 제거, 그리고 유실망 설치, 이 작업을 하고 있어요. 그러니까 그 세월호 배를 통째로 인양을 해서 목포 신항이나 거기에 가지고, 가서 그 안의 모든 것들을 다 이렇게 수색을 하죠. 그 안에서 아직 수습되지 않은 우리 아이들, 그리고 선생님을 찾을 예정이에요. 세월호 특별조사위에서 수중 촬영했던 부분이 과연 유실망 작업이 제대로 돼 있나, 이후 인양하는 과정에서 더 이상의 선체 훼손은 없어야 된다, 그리고 세월호 진상규명에 필요한 조타실 안의 증거물 촬영을 하러 들어갔던 거예요.

　　그리고 세월호 선체는 작년 4월 JTBC, 아니 올해죠, JTBC 촬영 동영상에 보면 그래도 나름 외관이 깨끗했었는데 이번에 수중 촬영한 거를, 저도 몇 초짜리의 동영상은 봤는데, 조개나 따개비 같은 게 상당히 많이 붙어서… 자생적으로 생긴 거 같아요, 뭐 해수부나 뭐 샐비지가 이렇게 뿌린 거 같지는 않구요. 그동안 바다 밑에 한 1년 8개월, 낼모레면 600일이잖아요, 그 안에 있다 보니까 장어라든가 실지렁이, 따개비 같은 이런 게 선체에 다닥다닥 많이 붙어 있어요. 그리고 정부에서는 세월호 선체에 대해서 유실망 설치라든가 들어 올리기 위한 조건의 작업으로 약 한 6, 7군데 선체를 절단을 했어요. 크게는 90, 110센티미터 정도, 조그만 거는 60, 80센티미터 정도, 그래서 과연 그 사람들은 이후에… 내년 3월 다 건다고 했을 때 인양, 들어 올리기 위해서 더 많이 절단을 한다고 해도 상황에 대한 일지라든가 공개 여부를 밝히질 않으니까 저희는 참 어떻게 손쓸 수가 없어요. 그래서 저희 가족들이 지속적으로 요구하는 게 상하이샐비지나 현대보령 바지선 위에서 같이 인양을 참여하는 걸로, 그래서 수중 작업을 하면 자기네들도 수중 카메라를 들고 가고…. 위에서 모니터를 놓고 작업을 하잖아요, 그러면 인양하는 과정에서 절단이라든가 이런 작업을 같이 지켜볼 수가 있는데 그 사람들은 철저하게 가족 참여를 배제하고, 그 침몰 현장에서 1마일 안쪽으로 접근도 못하게 하고 있어요.

면담자   그게 특조위에서 결정되면 바뀔 수도 있나요?

준영 아빠   근데 해수부나 정부에서는 특조위조차도 접근을 불허를 해서… 아, 요번에 수중 촬영할 때 그 중국 달리하오호, 바지선 이름이 달리하오호예요, 1만 1700톤. 그리고 커미싱[컨소시움] 그쪽에서 30 지분을 갖고 왔던 게 현대보령호, 그 바지선은 4000톤이거든요. 그럼 그 바지에서 직접 작업을 하면 더 좋죠. 근데 걔들이 인정을 안 해줘서 낚싯배를 빌려서 직접 작업을 했어요. 가족들하고 특조위 분들하고 같이.

면담자   지금 그 상하이샐비지, 그러니까는 인양업체는 특조위 업무에도 완전 비협조적으로 나오고 있는 거네요?

준영 아빠   그렇죠, 예, 맞습니다. 자체를 인정 안 하고, 자기네들은 손 놓고 가만히 있으면서 자기네 작업하는 데에 지연이 되고 있다라고만 자꾸….

면담자   그런 식으로 언론플레이 하고….

준영 아빠   그렇죠. 언론플레이를 하고 있어요, 그게 문제죠.

면담자   사실 언론 보도가 정말 문제가 많은데. (준영 아빠 : 그럼요) 지금도 그 특조위의 진행 사항이나 이런 게 전혀 보도되지 않잖아요? (준영 아빠 : 예, 예) 그 MBC 행사는 어떻게 얘기가 된 거였어요? 신발을 놓고 언론사에 대해 직접 집회를 하는 거였나요?

준영 아빠   희생된 아이들의 신발 그 부분은 독일 베를린 광장에서 이백몇 켤레의 신발 그 부분에서 좀 발상을 얻은 거 같아요. [2014년 10월 18일 독일 베를린 브란덴부르크문 앞에서는 '세월호를 기억하는 베를린 행동'이 304켤레의 신발을 놓고 희생자들의 넋을 기리는 추모제를 열었다] 그리고 그 상암MBC광장에서 피케팅을 하는 주된 이유가 뭐냐면 최초의, 단원고 우리 아이들이 죽어가고 있는 그 상황에서 "전원 구조"라는 오보를 가장 먼저 방송에 터트렸던 사람들이에요. 확인되지 않은 그런 부분들을 언론이 모든 국민들한테 얘기했다는 거, 그 이후에 대한 사과라든가 이런 것도 없고. 자기네들은 계속 우리, 그러니까 가족들이나 많은 시민들이 거리에서 세월호의 진실을 알고자 무던히 하던 사람들, 피켓 하는 사람들조차도 언론에서는 공정하게 방송을 안 하고, 정부 측의 그러한 말들을 더 많이 보도를, 지금도 하고 있어요.

그래서 MBC에 공정방송을 원하고, 최초에 "전원 구조"라고 오보를 했던 부분에 대해서 왜 그랬나, 그리고 그것을 받아들였을 때 최초의 제보자라든가 취했었던 행동, 팽목항의 사고 접하고 나서 다른 방송국보다 더 빨리 그런 내용들을 보도했다는 것에 대한 진위 여부….

면담자　　아, 그렇겠네요. 어디서 정보를 얻어서 "전원 구조"라는 방송을 제일 처음 보도했는지 MBC는 알고 있을 텐데….

준영 아빠　　그렇죠, 맞아요. 근데 지금까지 알려진 거에 의하면 "진도에 있는 한 공무원인가 경찰이 그러한 얘기를 했다"는 그런 얘기만 나오고 있는 거 같아요. 저희도 그거까지는 확인이 되지는 않고 있죠. 그래서 방송 3사에서 가장 먼저 거기에다 진을 치고 방송차를 대고, 그리고 동거차도라는 섬에서 12개 방송국이 제일 먼저 진을 치고 촬영을 했었던 것, 그렇다면 8시 48분, 52분에 신고를 받고 걔네들은 거의 동시간대에 그 많은 장비가 들어갔었다라면… 아무리 기동력이 뛰어나도, MBC 광주도 있겠고 목포에도 있겠지만 벌써 그런 걸 알았다는 사람들이 그렇게 10시고, 10시 몇 분까지 "전원 구조"라는 방송을 했다는 건 책임을 져야죠.

면담자　　어느 쪽이든 책임을 질 수밖에 없겠네요.

준영 아빠　　그럼요.

면담자　　잘못 방송한 것도 방송사로서 책임이 있고, 알면서도 그렇게 했으면 이것도 뭔가 의도가 있을 수 있고….

준영 아빠　　그렇죠. 그래서 그 부분을 갖고 저희 '[리멤버]0416'

멤버분들, 그리고 상암에는 교회 분들이 이렇게 와서 많게는 한 네 다섯 분, 적을 때는 1인 시위로 해온 피켓 시위가 엊그저께 벌써 200회 됐어요.

면담자   아, MBC 앞의 시위는 제가 지금 처음 들었어요.

준영 아빠   아, 그러셨어요? 그 MBC 있고 진흥원 있고 디지털 패밀리언[파빌리온]인가? 아, 패밀리아[파빌리온]빌딩 거기 사이에 광장 있죠? 예, 거기서 이렇게 피켓 시위를 해요. 거기서 희생된 304명의 신발을 놓고 피켓하고, 거기서 집회신고 내고 부모님들 돌아가면서 국민들한테 호소의 발언, 세월호의 진실을 알려달라고 발언하고 또 같이 동참해 달라는 그런 발언, 약 1시간 반 정도 같이 하고 서로 응원의 외침[하고], 악수하고 돌아왔어요.

면담자   어제 엄청 추웠는데 밖에서 참 고생하셨네요.

준영 아빠   근데 저희 부모들한테는 뭐 이렇게 춥고 이런 것들은 없어요. 아이들이 그렇게 된 거에 비하면 아주 미세하죠.

4
단원고 교실 존치 문제

면담자   그리고 교실 얘기를 안 할 수가 없는데요.

준영 아빠   예, 예.

면담자 그동안 부모님들은 여러 의미에서 교실을 존치해야한다고 요구해 오셨고, '교실 존치를 위한 시민모임'도 있어요. 그런데 뭔가 '상황이 왔다, 시간이 왔다'라는 생각을 다들 하고 계신거 같아요. 그 전에 부모님들이 교육청 상대로 계속 피케팅 시위를하고 계셨는데 결국 '교실을 없애려고 한다' 이런 식으로. 아버님께는 이 교실 존치가 어떤 의미세요?

준영 아빠 교실, 우리 아이들의 교실은 어떠한 이유나 어떠한궤변, 답보다 존치돼야 된다고 생각을 해요.

면담자 말로는 사실 설명할 수 없는 공간….

준영 아빠 예. 단원고등학교가 요번에 1월 21일인가 그때 졸업식을 한대요. 근데 더 중요한 거는 뭐냐면 아직 배 안에 선생님하고 학생이 있어요. 돌아오지 않은 상태에서 어떻게 졸업을 할 수가있어요. 그렇다라면 단원고에서는 1월 20일이 아니라 7월에 선생님하고 아이들을 데리고 와서 졸업을 해야죠. 그리고 수학여행은단순하게 많은 사람들이 얘기했던 그런 놀러 가거나 그런 여행이아니고 학습의 연장이에요. 그날 4월 15일 날은 아이들이 오전에수업을 했어요. 수업을 다 하고 책가방을 놓고 아침에 가져갔던 그옷가지 담은 캐리어를 끌고 인천항으로 갔던 거예요.

그리고 국가에서는 항로 개척이라든가 뭐 배편의 활용 뭐 이런게 있었대요, 그래서 배로 가는 것을 교육청에 적극 권장을 했었구요. 교육청에서는 또 그걸 받아들였고 그 세월호라는 청해진의 배

준영 아빠 오홍진

에, 그 배를 장기간 계약을 해서 타고 갔었던 거예요. 교육청에서 얘기를 했었고, 제시를 했으면 책임도 져야죠. 그러면 '최소한 아이들이 돌아와서 졸업을 할 수 있고, 1월 졸업이 아닌 돌아오는 날 졸업을 해야 된다'는 생각이구요. 배 안에 있는 애들 다시 찾아서, 뼛조각이라도 와서 그 교실에 앉았다가 가야죠. 이거는 꼭 저희만이 아니라 세계 어느 국민이라도 다 똑같은 생각을 가질 거예요. 근데 교육청은 나 몰라라 방관만 하고 있고요. 지금 단원고등학교 1, 2학년 재학생 부모님들이나 학교운영위원, 그리고 새로 바뀐 교장은 인정을 안 하고 있어요.

면담자   재학생 부모님들이 강경하세요?

준영 아빠   근데 전체적인 의견은 아니에요.

면담자   아, 그래요?

준영 아빠   그렇죠. 대다수의 사람들은 아이들의 아픔을 알아요, 학생들도 아는데. 일부 부모님들, 일부 학생들이 이렇게 좀 반대를 해요, 그래서 저희 부모님은 또 그걸 물어봤어요, 학생들한테. "그러면 너네 지금 3학년 선배들이 있는 그 교실에서 공부하겠니?" 그랬더니 "저희는 안 해요" 그래서 "왜?" 그랬더니… 속된 말로 사람 죽고 2년 동안 빈 교실 힘들잖아요. 속마음은 그러면서 겉마음은 '빨리 빼라'. 그리고 저희 가족들이 8월, 9월 그 대안을 갖고 계속적으로 교육청이나 학교운영위원 학부모님들을 만나서 설득도 해보고 구걸도 하고 얘기 좀 하자고 많이 했었어요. 근데도 아직까지 답을 안 주고 한 가지 답은 "1월 21일 날 졸업하고 나면 빼라".

두 번째 안은 교육청에서 "아이들의 그 원형 보전, 그러니까 그 자리가 아닌, 그 상태로 복원을 해서 기념관이나 추모관식으로 건물을 하나 지어줄 테니까 2018년인가 19년인가 그때쯤에 들어가라, 그리고 나머지 이런 부분들은 교육청이나 어디다가 임시 보관하지 않겠느냐". 흘러나오는 말로 이제 거기까지, 진짜 막말까지 나오고 있어요. 죽은 아이 부모 가슴에 아이들을 지금 몇 번씩 죽이는지, 정말 지금 답이 안 서고 있고요. 가장 중요시해야 할 교육청에서 아직도 관망을 하고 있다는 거, 진보교육감이고 아무리 그런다 해도 교육은 진짜 백년, 천년 대겐데 그렇게 하면 안 되죠.

그리고 또 중요한 것은 그 아이들의 참사 현장, 역사에 남겨야죠, 이후에는 그러한 일이 없게. 단원고 졸업하고 다니는 학생들도 "우리 학교에서 이랬었다"는 그 역사의 증인이 돼서, 좀 더 넓은 대학이라는 공간에 가서 많은 사람들한테 그 사실을 알려야죠. 그리고 그 안에는 앞으로 미래 아이들의 교육을 책임질 선생님이 될 사람도 많아요. 그러기 때문에 더 이상은 역사의 흔적, 참사의 흔적을 지우는 그런 작업은 하지 말고, 그러한 아픔을 갖고 한 단계 더 발전해야죠.

솔직히 어제 집회 때 한 분이 그런 얘기를 했어요. "삼풍이고 리조트고 성수대교고, 그러한 참사의 현장을 너무도 빨리 지워버린다. 그것을 보존해야 되지 않겠냐? 길이길이 남겨서 더 이상 희

준영 아빠 오홍진

생 없이, 안전에 대해서는 바른 생각을 하고 살아야 된다"고. 성수대교 그 다리 하나 없다 그래서… 그 옆에 다시 다리 하나 만들면 돼요. 잘라진 거 급하게 그렇게 이어갖고 다니고, 삼풍[삼풍백화점 붕괴사고] 수백 명이 죽었잖아요. 근데 그 책임자는 7년밖에 또 안 받았고, 얼마 안 지나니 거기엔 더 삐까번쩍한 건물이 들어서서 불과 몇 년 안에 모든 게 다 지워져 버리는…. 그래서 저희 부모님들이나 많은 시민들이 "이번은 덮지 않겠다", 그리고 "이제는 가만히 있지 않겠다" 그렇게 많은 사람들이 외치죠.

면담자   교실은 정말 그 이전까지의 대응과는 다른 방식으로 하게 되는 계기가 될 것 같아요.

준영 아빠   예, 예. 그래야죠.

면담자   사실 지금까지 많은 역사적 사건을 다 덮는 식으로 살아온 한국사회에 단원고 교실이 존치된다면 아프지만 기억하는 상징적인 공간이 될 것 같아요. 진상 조사, 진실 규명이 하나라면 다른 하나는 기억…. (준영 아빠: 그렇죠) 저도 역사 전공자니가 보존하고 남기는 거에 대해서 민감하게 생각을 해요. '그래서 정말 우리도 가만히 있으면 안 되겠다' 그런 생각을 하고 있습니다.

준영 아빠   예, 더 잘 아시겠네요. 그래서 먼저도 얘기했듯이, 단원고 교실 존치에 대해서 '아이들이 공부할 수 있는 공간은 충분하게 만들어준다'라는 거, 학교에서는 그 공간을 차단시키고 추가 건물을 해서 교실을 더 확보해 모든 거에 지장을 안 주고 그 현장은 외부에서… 건물이 이제 3층이니까 2, 3층 되는 소 건물을 지어서 브리지 연결을 해서 외부에서 들어가는 걸로 그렇게 초안을 잡고. 보면 5·18이라든가 많은 기념관이나 추모관에 입장[료]라든가 시설사용료 있잖아요. "제반 이런 부분들은 학교 발전을 위해서 사용을 하면서 그렇게 보전해 달라, 우리가 많은 걸 요구하는 게 아니다"고 그랬는데.

면담자   지금 말씀하신 안을 학교나 재학생 부모님들한테 제시하신 거세요?

준영 아빠   예, 제시를 했어요. 저희가 PPT 자료를 통해서 문건을 전달한 게 벌써 지금으로부터 세 달 정도 됐죠. 저희는 충분하게 그런 시간을 냈어요. 그리고 단원고에서도 "학교의 일부, 산 있는 쪽에다가 체육관 겸 건물을 짓는다"는 제시안을 교육청에 내놓았고요. 그렇다면 "거기에 한 층이나, 한 층 반 더 교실 증축"까지도 저희가 포함을 했어요. 그래서 저희는 최소한 단원고 안에 학생들이 공부할 수 있는 공간은 만들고, 그거와 같이 참사에 대한 부분을 기록해 놓겠다, 그리고 이러한 역사적인 부분을 유네스코까지도 등재하라, 그래서 더 이상 학교, 학생들에 대한 그런 것은 안 하는 걸로, 그게 바로 저희 부모들이 거리에서 그리고 집에서 외치는 안전사회라는 거예요.

면담자   근데 "예산문제, 입시교육에 방해된다"는 경기도교육청의 대응이 참 그렇죠?

준영 아빠   단원고가 말로만 혁신학교, 혁신학교 하는데, 입과 말로만 하는 혁신학교가 되면 안 돼요.

면담자   단원고가 지금 혁신학교예요?

준영 아빠   예. 작년에 혁신학교로 돼서 아마 좋은 것들이 많이 들어갔어요.

면담자   그렇죠, 당연히 혁신학교 되면….

준영 아빠   저는 거기까지 내용은 전반적으로 모르고….

면담자   학교에서 결단을 하면 경기도교육청도 조금 쉽게 결정하지 않을까요?

준영 아빠   그러니까 서로 이제 떠넘기기식이에요, 교장은 교육청으로 넘기고 교육청은 눈치 보고. 그리고 안산시에서도 눈치를 보는 거 같아요. 안산시장도 "자기가 최종 결정권은 없다"는 좀 한 발 뒤로 물러선 행동을 지금 보이고 있어요.

면담자   MBC 앞에서의 1인 시위나 교육청 앞에서 1인 시위 하시면 오가는 분들과 만나게 되잖아요. 시민들의 반응 중에 기억에 남는 게 있으세요? 좋은 기억이든, 언짢았던 기억이든.

준영 아빠   저희가 피케팅 같은 거 하면 광화문에 이제 왔다 갔다 하는 시민, 학생분들한테 리본도 권하면 받아가는 분 있고 안 받아가는 분 있어요. 또 응원이나 격려의 말을 해주시는 분도 있고 "안 끝났냐? 이제 그만해라. 지겹다" 이렇게 하시는 분도 있고, 유형이 많아요. 저희는 그런 말을 듣고 응원의 말을 하면 "고맙다"고 인사드리고 "이제 그만해라, 지겹다" 하면 처음에는 막 달려들었어요. 그러니까 "막말로 당신 애가 그랬으면 그런 얘기 하겠냐"면서요. 근데 지금은 이제 좀 다듬어졌다 그럴까. "근데 이게 밝혀진 것이 하나도 없구요, 아이들이 왜 그랬는지 얘기해 주는 사람 하나도 없는데, 자식 잃은 부모가 할 수 있는 게 이거밖에 없는데 그렇게 욕하지 마시고 그냥 가던 길 가세요". 더 이상 그분들하고 싸움으로써 가족들이 다른 시민들한테 비춰지는 "저 사람들은 누가 한마디만 하면 달려들고 싸울라 그래" [그런 게 아니라] 좀 성숙되게 저희의 이런 것들을 전달하려고 해요.

면담자   부모님들끼리도 그런 얘기를 좀 하세요?

준영 아빠   예, 저희 부모님들도 다양하게 공부 같은 것도 좀 하고 많은 모임을 가져요, 그 안에서. 세월호 이번 특조위에서 45가지 정도는 조사 개시가 결정이 됐어요, 전원회의에서 위원들이 거수로 해서 찬성이 된 게 지금 약 마흔세 갠가 다섯 개 정도, 부모님들이 접수해서 대기 상태에 있는 것도 지금 한 50여 개가 되고 내년 3월 달까지 더 많은 조사가 될 거예요. 그러면 예를 들어서 1000가지라면 1000개를 다 조사하는 게 아니라 사건의 유형이 맞으면 병합을 하죠. 그리고 조사를 한 부모님들끼리 같이 생각을 맞춰서 정리를 하면 그 부분들이 이제 축소가 되잖아요.

그리고 특조위에 지금 조사하는 팀이 90명이고, 요번에 또 추가로 30명이 [충원]된다고 그러는데 가장 조사할 수 있는 조사1과 사람들은 많지가 않잖아요. 지금 조사1과에 진상 조사할 수 있는 조사원이 일단은 한 열몇 명 정도, 그래서 4·16법률지원팀에서도 지원하고 저희 가족들이나 '시민가족공동모니터링'에서 모아놨던 많은 증거자료를 그분들한테 넣죠. 그러면 그분들은 그거를 또 기초로 또 모으죠.

면담자   좀 전에 교실 존치 얘기할 때 올해 초에 졸업사진 촬영도 했었잖아요. 준영이도 혹시 신청했어요?

준영 아빠   졸업사진 촬영 안 했어요.

면담자   아, 졸업사진 말고 그 졸업앨범 만들기.

준영 아빠   아, 그거는 저희 가족협의회에서 졸업앨범 얘기했었던 부분, 거기는 제가 아이의 사진 넣은 게 있어요, 반별로.

면담자   아, 예.

준영 아빠   근데 학교 측에서 졸업앨범 부분은 아직 얘기가 없어요. 졸업 기념으로 학교에서 뭐 금반지 한 돈을 해준다고 그러더라구요. 저희는 받을 수가 없죠, 그래서 다 거부를 했고.

면담자   질문을 드렸던 이유는 부모님들 중에서는 "졸업하면 학교에서 애들 이제 다 졸업했으니까 우리하고는 관계가 끝났다, 이렇게 하려는 건데 왜 이런 거를 수용하느냐"는 얘기도 들려서요. 실제로 그렇게 생각하실 수도 있을 것 같고요.

준영 아빠　　　가족협의회에서 졸업 사진 모았던 부분은 그 아이의 사진 한 장이 아니라 추억이 담겼었던 그런 사진들을 갖고 앨범을 만든 거예요.

면담자　　　앨범으로요?

준영 아빠　　　예. 학교에서 만드는 거에는 동의하지는 않고. 그래서 준영이 같은 경우에도 그거 한 초안도 제가 찍어놓은 게 있어요.

면담자　　　교실도 사실 이사 가시는 부모님들처럼 '정리를 하는 게 낫다'고 생각하는 분도 계실 수 있잖아요?

준영 아빠　　　글쎄…… 그거는 뭐 그 부모님이 결정할 부분이잖아요. 제가 그분한테 '가라 마라' 이런 말하기가 좀 그래요. 처음에는 "같이 진상 규명해야 된다"고 서로들 얘기를 많이 모았지만 지금 이 시점쯤 돼서는 직장이나 이렇게 떨어져 나가신 부모님도 계세요. 근데 저는 쫓아가서 그런 얘기 안 해요. 그 부모님도 자식의 아픔을 가졌잖아요. 부모님이 자식의 일을 안 하는데, 제 자식 일만 하기도 바쁜데, 그리고 또 제가 그렇게 어줍지 않은 조언이나 같이 하자라고 했을 때 서로 힘들어하는 모습보다는 지금 저는 같이 계속하시는 분들과 그 길에 매진을 하고 있고, 시간을 내서 그분들을 설득하기보다는 하고 있는 걸 더 열심히 하려고요. 그분들도 이렇게 지내다가 자기 아이의 억울함을 알면 내일이라도 당장 나오겠죠. 그분이 판단을 하는 거예요. 그냥 학생들이나 어린 아이들이라면 [설득해서] 손잡고 같이 거리로 나가겠지요. 자식을 첫 애로 가진 부모도 최소한 마흔이 넘은, 성숙하고 사회의 교육을 받을 만큼 다 받으신 분인데 말 몇 마디로 그 사람을 설득할 자신 없어요.

5
영화 〈나쁜 나라〉 상영과 영화에 대한 의견

면담자 　　세 번째 질문은 〈나쁜 나라〉라는 영화가 12월 3일에 개봉해 상영되는데요. 영화가 교실, 생존 학생 등 여러 진행 중인 사안들을 담고 있어 조율이 필요하다는 의견이 제기됐고 그에 따라 개봉 자체가 연기가 됐잖아요? 아버님은 혹시 영화를 보셨어요?

준영 아빠 　　예. 시사회 때 봤어요.

면담자 　　영화에 대한 느낌이나 영화 〈나쁜 나라〉에 대해 하고 싶은 말씀은… 영화가 어떠셨어요?

준영 아빠 　　〈나쁜 나라〉 나오기 전에 〈다이빙벨〉이 먼저 나왔잖아요? 어떻게 보면 그 세월호 2편이 〈나쁜 나라〉라고 하잖아요. 〈다이빙벨〉에서는 당시 팽목에 대한 부분을, 그러니까 77분, 78분 짜리예요. 그래서 간략하게나마 구조하지 않은 해경이나 팽목의 모습을 보여줬구요. 〈나쁜 나라〉에서는 그동안 부모님들이 특별법을 촉구하고 세월호 진상 규명하면서 거리에서 있었던 것… 단식이다, 국회농성이다, 또 팽목[으로] 내려가는 도보다, 그리고 부모님들의 진상 규명 의지에 대한 얘기들이 많이 나왔죠. 그게 다시 연기가 됐었던 부분이 두 가지가 있는데, 물론 선생님도 알고 계시겠죠. 재학생 부분하고 미수습 부분, 그 부분 때문에 잘려져 나갔잖아요.

어떻게 보면 〈나쁜 나라〉가 만들어낸 건데 '부모님들의 생각이 짧았다'고 생각하고 싶지는 않아요. 그 사람들이 주장하는 게 다 내 맘에 들 수 있는 거 아니고 안 들 수 있는 거 아니잖아요. 저희는 일단은 그거에 연연하지는 않고 〈나쁜 나라〉라는 거를 통해서 국민들한테 가족분들이 이렇게 절실하게 진상 규명을 외치고 있다, 그리고 그 안에 지난 5월이고 작년에 350만 명 참여한 1차 서명 전달하고, 이후에 700만까지 들어가 있고 지금까지도 계속 서명을 하고 있잖아요. 그렇게 '전 국민이 세월호 진상 규명을 한다'는 그런 의지를 모아낸 모습을 보여주는 거기 때문에 그 내용에 만족하지는 않지만 '그래도 계속적으로 알려야 된다'는 생각에서 긍정적으로 생각을 해요.

면담자   이 영화는 참사 이후에 부모님들이 아직도 진상 규명을 위해 활동하고 있다는 걸 보여주는 영화라는 말씀이시죠?

준영 아빠   예, 그렇죠. 지금 계속 진행형이고 어, 부모님들의 발걸음은 더 이상 멈출 수 없다, 그리고 그 길은 단순하게 우리 부모님들의 길만이 아닌 모든 국민들이 같이하고 있다는 거. 그 안에서 중간중간 나왔었던 여야 의원들의 모습, 몇몇 막말하는 모습들이 장면들에 올라오잖아요. 그 또한 정부에서는 '의지가 없다'라는

준영 아빠 오홍진

거 표명이 되잖아요. 그리고 그런 영화라든가 독립 다큐 같은 것들이 좀 많이 기록이 돼서 해외고 국내고 좀 더 많이 알려져서 이후에는 이런 부분이 없게끔 할 수 있는 기초가 돼야죠.

면담자   일단은 많이 봐야 되겠네요.

준영 아빠   아, 그럼요. 일단은 많이 보세요, 많이 보시구요. 보는 사람이 판단하는 게 가장 객관적이에요.

6
4월 16일 당시 목격한 것들에 대한 보충

면담자   아까 〈다이빙벨〉 말씀을 주셨는데, 사실 중요한 지점이 팽목에서 있었던 시간, 그다음에 참사 이후의 활동일 거 같아요. 이전에 아버님께 팽목에서 있었던 일들에 대해 들었는데, 추가로 궁금한 사항들이 있어서 조금 갖고 왔어요. 그때 "배를 빌려서 주변을 계속 돌았다"고 말씀해 주셨잖아요. 그 부분을 조금 자세하게 듣고 싶거든요.

준영 아빠   예, 처음에는 첫날, 이튿날, 그러니까 첫날이죠. 부모님들이 팽목에 도착했을 때는 해경이나 해수부에서 배 제공을 안 했어요. 그래서 부모님들이 어선을 80만 원, 100만 원 주고 빌려서 그 현장을 갔었어요. 그게 4월 16일 오후가 되는 거죠. 밤이죠, 밤에 그리고 17일 오전까지. 그 당시 한 세 척 정도 빌렸어요.

그러고 나서 그 이후에는 이제 공무원이죠, 해경이나 이쪽에서 제공하는 배로 바지선에 올라가서 작업하는 거를 교대로 지켜보고. 그러니까 그 이후에는 배를 빌린 거는 없죠.

면담자 　　　17일에 한 번 대여해 가셨던 거죠?

준영 아빠 　　아뇨, 16일 날.

면담자 　　　16일 날 밤에 대여해서 나가신 거죠?

준영 아빠 　　예. 그리고 어, [그 이후에도 배를 빌렸는지] 그거는 제가 확인을 못 했으니까 얘기는 못 드리죠. 이후에도 빌려서 부모님이 갔는지 안 갔는지는 제가 확실하게 얘기를 못 드리고….

면담자 　　　16일 날 밤에 가셨을 때는 어느 정도까지 접근하셨어요?

준영 아빠 　　저는 그러니까 어선을 빌려서 20명 타는 배, 그리고 어선 40명인가 들어가는 배로 1마일 정도 바깥에 있었을 거 같아요. 1마일 아니고 더 근접한 한 400미터, 500미터까지 근접한 분 배도 있었어요. 근데 준영이 엄마하고 저는 해경 배를 타고 들어갔어요.

면담자 　　　아, 부모님들이 빌린 배는 아니고요?

준영 아빠 　　말고, 해경 배를 이제 타고 16일 날 밤에.

면담자 　　　16일 날 밤에 배를 빌려서 가신 부모님도 계시고, 해경 배를 타고 보러 가신 분들도 계신 거네요?

준영 아빠   예, 해경 배 타고 간 분은 여덟 명밖에 안 됐어요. 그것도 막 싸워가며 끌고 들어간 거죠. 저희가 들어갔을 때는 해경 배는 아무래도 이제 관련되잖아요. 그래서 가장 가까운 근접까지 들어갔어요. 그래서 오일펜스, 그때 노란 거 이렇게 배에 쳐놨던 거 바로 앞에, 그러니까 밤바다니까 거리상은 안 되는데 가장 근접된 지역까지 해서 한 네 바퀴인가, 다섯 바퀴 선회했었어요.

면담자   그때 완전히 가라앉기 전이었지요? 이렇게 기울어져 세워져 있고….

준영 아빠   그렇죠, 예.

면담자   그때 현장에 가서 보셨을 때 '에어포켓이 있겠다'는 생각이 드셨는지 기억나세요? 16일 밤에….

준영 아빠   16일 밤에는 그런 생각을 아무것도… 머리에 들어온 건 '저 안에 애가 있다'는 그 생각밖에 안 들어요. 그리고 왜 구조하는 사람이 없을까? 지금 생각해 보면 그거밖에 생각나는 게 없어요. 그 안에 뭐 '에어포켓이 있다' 이런 생각 안 했죠. 에어포켓 생각은 17일인가 18일부터 했었던 거구요, 당일은 저 배에 내 애가 있다….

면담자   17일, 18일 그 이후에도 계속 해경 배로 나가셨어요, 아니면….

173

준영 아빠   아니, 그때는 거기서 지정해 준 배 있어요. 조그만 배 타고, 해경 배라든가 아니면 해수부 이쪽에서 제공하는 배가 있어요. 그거를 타고 바지선 위에 올라가서 지켜보고 있고.

면담자   부모님들이 정해진 배를 타야 되면 순번이랄까 이런 게 정해져 있었나요?

준영 아빠   아, 순번은 없어요. 당시 팽목에서도 가족대책협의회라고 조그맣게 그 몽고텐트 같은 거가 있어요. 그럼 거기서 바지[선]에 갈 아버님들을 이렇게 접수했어요, 모았어요. 모아갖고 누구누구 아버님은 들어가고 이렇게 가는 식으로, 오전에 한 번, 오후에 한 번 뭐 이런 식으로. 한 번 들어가면 밤새고 나오고 또 아침에 들어가면 오후에 나오고.

면담자   바지선 위에 올라가서요?

준영 아빠   예. 올라가서 아이들이 이렇게 올라오는 모습, 잠수부 애들 들어가는 거… 그 당시에 작업하는 시간이 그렇게 많지 않아요. 뭐 대조기, 중조기, 소조기, 물살이 세고 뭐 이런 시간 계산을 하다 보면 하루에 작업할 수 있는 시간 세 번 정도 잡으니까 개네들이 이제 1시간에서 길게는 1시간 반, 그 정도 그러면 그때 맞춰서 바지에 있고, 나머지 시간에는 물살이라든가 이런 게 있기 때문에 잠수부가 못 들어가고, 풍랑이 심하면 또 못 들어가고….

면담자   그렇죠. 그때 잠수부 중에서 접촉하셨던 분 없으셨어요?

준영 아빠　　저기, 그때 얘기했듯이 17일 날 관계자들하고 회의하는 테이블에서 잠수사가 그런 얘기를 했죠. "배 안 창문 너머에 아이들이 떠다니는 거를 봤다" 그랬더니 해수부 관계자가 "그런 얘기 하지 마라" 그러고 잠수부를 밀쳤어요. 그런 모습도 제가 한 번, 두 번 정도 봤어요. 그러니까 그 민간 잠수사들이 가족들하고 접촉을 해서 얘기 나누는 것들을 은근히 방해하고 이렇게 갈라 막는 모습들이 자주 이렇게 보였어요. 그 잠수사들이 그런 얘기도 많이 해요, 와갖고 개별적으로 와서 "창문 너머에서 기척이 났다"고. 부산에서 오신 분은 "자기가 최초, 처음으로 세월호 화물칸 쪽에 가이드라인, 줄을 걸었다" 이렇게 얘기하시고, 잠수사분들이 얘기를 많이 했는데.

　　지금 생각해 보면 그 사람들이 진짜 잠수산지 확인된 게 없어요, 기록이 없기 때문에. 저희도 답답한 게 그렇게 얘기를 할 때, 잠수사들하고 막 얘기를 하면 기자분들이 사진을 많이 찍고 촬영도 했어요. 근데 사고 첫날부터 3일까지 기록된 그 영상물들이 유튜브나 이런 데에 하나도 안 나와 있어요. 오로지 방송 3사, YTN이나 이런 메이저 방송이나 중소 방송업체만 뉴스에 나왔지, 세세적인 부분, 그리고 부모님들의 대화, 해수부와 막 싸우는 장면, 이런 것들은 촬영을 어마어마하게 했을 텐데 돌아다니는 영상이 하나도 없잖아요. 그리고 아이들 처음에 시신 올라왔을 때 그 막 난장판 같은 모습들, 이런 것들이 영상에 하나도 안 나와 있다는 건

데스크에서 다 차단했거나, 아니면 정부 측에서 압력을 가해서 그런 영상을 내보내질 않게 만든 거예요.

면담자   찍기는 분명히 계속 찍었는데….

준영 아빠   엄청 찍었어요. 그 당시 팽목에 방송차가 사람이 못 다닐 정도로 빡빡했었고, 지금 세월호 등대 있는 쪽이 완전 베이스 캠프였어요. 저희는 진도체육관에 있었지만 그 사람들은 인근에 더 가까운 국가시설인 국악원, 거기가 프레스센터였어요. 기자들이 거기에 다 몰려 있었던 거예요. 그리고 처음에 우리 저희 가족들이 버스 몇 대 타고 내려갔을 때 기자들은 더 먼저 와 있었어요. 그래서 앞서 제가 얘기했잖아요, 젊고 얼굴 뽀얀 건 다 기자라고. 부모님이 한번 막 이렇게 가면 기자들 서너 명이 달려들고, 그 팽목에 나중에 목탁 치고 했었던 그 자리는 전부 저 삼각대 어마어마 했었고 팽목항 대합실, 옥상, 그 횟집 옥상에는 전부 카메라들밖에 없었어요.

면담자   근데 그게 다 어디 갔는지 없어지고….

준영 아빠   그리고 지금 부모님들이 있는 동거차도 텐트, 거기에도 12개의 방송사가 들어와 있었대요. 한 방송사에 많게는 80명, 우리 섬에 계신 그분이 그래요, 그러니까 주민이죠, 짧게는 60명. 그 앞길로 방송차들 어마어마하게 다녀갔고, 방송만 수백 명이 그 산에 있었대요. 근데 그 사람들이 뒷정리를 하고 가지 않아서 동거차도 주민들이 당시 방송사 상대로 "고소한다" 그러더라고요. 그

산에 쓰고 남은 전기장판이니 컵들, 이런 게 그대로 있어요. 12개 방송국이 들어왔으면 딸린 사람만 한 방송국에 10명만 해도 120명이에요. 그러니까 온갖 요지에는 기자들이 다 그렇게 난무를 하고 있었어요.

면담자 　그 당시 배를 타고 매일 나가셨던 거예요?

준영 아빠 　예. 저는 세 번 나갔었구요. 또 준영이 엄마하고 같이 있으면서 그런 생각을 했어요. 식구들이 좀 많이 오신 분들은 기다리는 사람들이 있잖아요, 팽목에. 그러니까 아이를 태우고 이제 배가 들어오잖아요, 그러면 맞을 사람이 있잖아요. 저희는 준영이 엄마하고 둘이잖아요. 제가 만약에 거기 가 있으면 애가 오면 데리고 올 사람이 없잖아요. 그래서 저는 초기에 세 번 나가고 이후에는 계속 그 배 들어[오면], 아이 데리고 오는 거기에, 이제 자갈밭에서 준영이 엄마하고 계속 있고 상황판에 속보 올라오는 것만 주시하고 있었고….

면담자 　팽목의 시간들을 이야기하는 게 힘드실 텐데 다시 여쭤보게 돼서 죄송해요.

준영 아빠 　아니요, 아니요. 아, 이제는 알려야죠.

면담자 　근데 이 시간도 정말 중요한 거 같고, 오히려 정부나 이쪽에서도 계속 커트하려고 하는 시간이 바로 그 시점일 것 같아요. 진상 조사나 문건이나… 어떤 면에서 보더라도 언론까지 포함해서 제일 중요한 한국의 역사적 시간이라는 생각이 듭니다. (준영 아빠 : 그렇죠) 그래서 부모님들한테도, 이제 저희도 서로 힘들지만 그 시간들에 대한 기억들이 기록으로 남는 게 사실 저희 구술에서 굉장히 중요한 목적 중에 하나거든요. (준영 아빠 : 그럼 요) 그래서 다시 여쭤보게 됐습니다. 이제 간담회 얘기를 좀 여쭤보고 싶은데요.

준영 아빠   아, 예.

7
간담회에서 겪은 일들

면담자   아버님은 5월 정도에 '특별법 제정' 이런 걸 가지고 초기부터 간담회를 다니기 시작하셨던 건가요?

준영 아빠   어, 간담회는 언제부터 협의하고 본격적으로 들어갔냐면요, 그게 8월, 9월 이때부터 공식적으로 지방이나 여러 곳으로 간담회 하러 내려갔었구요. 저희 부모님들이 4월 말, 5월 초에 많이 아이들을 데리고 왔어요. 그래서 안산에서 서명을 한 거예요. 그 당시 특별법, 아니 특별법 서명이 아니었고 "특별검사 도입해서 세월호의 진실 뭐, 그래서 특검을 하자" 그랬는데 저희 가족들은 "특검만으로는 안 된다. 세월호 특별법을 만들어야 된다"고 7월 달부터 여의도 농성에 들어갔을 때, 그리고 청운동 가족들한테 많은 사람들이 와서 간담회를 한 거죠, 같이 세월호에 대해서 얘기하고. 학교 같은 데에서 연락이 와서 그 진실에 대해서 얘기 좀 해달라면 개별적으로 이렇게 간담회를 하다가 7월 이후부터 전국 간담회 팀이 만들어지면서 본격적으로. 4·16, 지금은 '4·16연대'잖아요, 그 당시에는 이제 '국민대책위'잖아요. 가족협의회하고 해서 체계적으로 이렇게 일정을 맞춘 거예요. 그래서 경상도, 전라도, 충청도, 강원도 이런 식으로 해서 지역 시민단체하고 공간을 만들어서 본격적으로 간담회를 시작을 한 거죠.

면담자　　　　그 전에는 연락이 들어오는 데에 가서 말씀을 하는 식이었어요?

준영 아빠　　　그렇죠, 개별로. 저희가 청운동에 앉아 있거나 국회에 앉아 있으면 왔었던 학생들이나 시민들이 부모님들한테 와서 "얘기 좀 해줄 수 있겠습니까?" 그러면 "예" 그래요. 그래서 청운동 처음에 올라갔을 때 7월 달에는 주로 학교나 생협, 환경, 이런 보편적으로 알려져 있는 그런 단체에서 개별로 들어왔었어요, 그리고 참여단체 산하 이런 데에서. 그렇게 간담회를 하다 보니까 너무 이게 정리가 안 되는 거예요, 기록에도 남겨야 되잖아요. 그래서 그 이후에 그거를 보완하면서… 어느 부모님은 어느 곳에서 뭘 하신다라는 동선이 파악이 돼야 하잖아요. 그래서 국민대책위하고 가족협의회 어머님들하고 회의를 통해서 창구를 하나로 만들었죠.

면담자　　　　그러면 초기에는 주로 어머니들이 가서 말씀해 주셨어요?

준영 아빠   어머님도 갔고 아버님도 갔고. 또 많은 사람들이 찾아왔어요, 농성장에.

면담자   아버님은 초기부터 가셨어요?

준영 아빠   저는 7월 중순에 광화문에서 단식하고 나서 한 일주일 정도 쉬었다가 국회의사당 노숙 농성하고 적극 참여하면서, 거기서 한 한 달 반? 거의 매일 거기서 농성을 했죠. 그러면서 농성과 아울러 국민 간담회 중요하다 그래서 9월 초순부터 간담회를 준영이 엄마하고 같이 차 끌고 전국을 돌아다녔고, 나머지 분들은 안산이나… 국회의사당, 청운동은 끝날 때까지 계속 지켰었던 거예요.

면담자   간담회에서는 많은 사람 앞에서 말씀하셔야 되잖아요. 그 전까지는 사실 그런 경험이 많지 않으시잖아요.

준영 아빠   그렇죠, 없죠.

면담자   그러다가 여러 사람 앞에서 말해야 하는 이런 국면을 맞게 되셨던 건데, 아버님과 어머님은 9월부터 다니실 때 어떤 생각으로 다니게 되셨는지, 예를 들면 주변에서 "준영이 아빠 말 잘하니까, 목소리 좋으니까 준영이 아빠가 나가봐" 이런 식으로 권유를 하셨어요?

준영 아빠   아뇨, 지금도 부모님들이 그런 얘기를 해요. "나는 사람들 보면 말 한마디 못 하고 울기만 하니까 못 간다" 막 이러더

준영 아빠 오홍진

라구요. 근데 준영이 엄마랑 저는 가서 단 말 한마디를 못 하더라도 "우리 애 억울함 풀어달라"고 그 말 한마디 전하러 갔던 거예요. 그리고 준영이 엄마하고 처음에 울산이고 간담회 갔을 때 저도 말을 잘 못해요. 그래서 종이에다 적어 갔어요. 집에서 한 이틀 전부터 종이에 다 적어요, 적어갖고 그거를 읽었어요. 그거를 읽고 그분들이 이렇게 질문을 하면 제대로 얘기도 못 해주고, 또 어쩔 때는 얘기하다가 울면 이제 얘기 끝나고 간담회도 끝나버리는, 이제 그렇게 했어요. 어떤 부모님들은 얘기하러 갔다가 단 한마디도 못 하고 울고만 있다가 오신 분도 계시고. 이제 벌써 1년 되고 그러다 보니까, 계속 세월호 진실 그거의 길로 나가신 부모님들이니까… 다른 얘기 다 못 해요. "왜 안 구했나, 왜 애들이 죽었나" 그 부분만은 전문가들이 되신 거예요. 그러다 보니까 나름 본인 스스로 이제 체계적으로 말을 만든 거지요.

면담자   본인이 하면서 말이 느신 거죠.

준영 아빠   예. 그러다 보니까는 부모님들 얘기는 뭐 전문 강사 얘기 같지도 않고, 그렇다고 일반 시민이 호소하는 것 같지도 않고. 근데 나름 호소력이 있고 짜임새가 있는 게, 그게 부모거든요. 절박한 마음을 사람들한테 얘기하다 보니까 막 울었다 웃었다, 막 소리도 지르고 이래요. 근데 그게 바로 가장 진솔한 얘기 아닌가? 저도 처음에는 얘기하다가 뒤돌아서고 영상 나오면 도망가고 막 이랬어요, 못 보겠더라구요.

면담자 　맨 처음에 그 종이에 적으셨을 때 주로 어떤 얘기들 많이 준비하셨어요?

준영 아빠 　이제 구조하지 못한 해경, 아이를 데리고 올 때의 심정, "내 아이는 이런 아이였다", 그리고 "우리는 정말 여러분이 필요하다".

면담자 　약간 좀 시간이 지나면서 내용이 바뀌거나 이런 게 있어요?

준영 아빠 　아무래도 지금은 간담회를 가게 되면 시민단체나 풀뿌리연대에서 사전에 간담회에 대한 [내용을] 주문을 해요.

면담자 　이런 주제로 해달라….

준영 아빠 　예, 주제를 줘요. 그래서 "첫날 인천항에서 출발했을 때부터 약 30분 정리해 줄 수 있습니까?" 그러면 거기에 맞게 학교에서 15일 날 배를 타고 가다가 사고 당하고, 내 애는 며칠 만에 생일날 수습을 해서 올라왔고, 당시 팽목은 지옥 같은 참사의 현장이고, 구조하지 않은 해경들의 낱낱의 모습, 그리고 저희 부모님들이 다니면서 쓰레기 같은 이런 취급을 받는 거, 그리고 도와주신 국민들, 이렇게 30, 40분 엮어갖고 얼추 종이에 적어서 맥락에서 얘기드리고 중간에 궁금하신 거나 추가로 물으실 분 얘기하면 답해드리구요. 또 활동가들의 모임 있는 곳도 있잖아요. 그분들은 전체적인 측면 다 아니까 지금 현재 가족들이 무엇을 하고 있나, 가장 중

준영 아빠 오홍진

요한 건 참사 전과 참사 후의 부모님들의 생활, 그리고 "이후에 저희가 어떻게 행동을 하면 좋겠습니까?" 그래서 처음에 간단한 인사하고 사회 보시는 분이 토크 형식으로 이렇게 제기도 하구요. 각 지역, 단체마다 지금은 각기 좀 달라요. 오기 전에 미리 문자로 보내줘요. 그러면 그거에 맞게 준비를 하고, 지금은 이제 너무 많은 아이의 그런 얘기는 못해요. 아무래도 흐름이 있잖아요.

면담자　　그게 시간적인 흐름인 거죠?

준영 아빠　　그렇죠, 예. 세월호 진상 규명의 흐름이 있어서 지금은 돌아오지 못한 미수습자분들, 그리고 조사 방해하는 정부의 모습, 특조위라든가 이 부분에 더 큰 비중을 두고 싸워야 되잖아요. 잘못된 배, 종이배 같은 세월호만 한탄할 수는 없어요. 그 얘기의 비중이 퍼센트로 따지면 큰 비중을 어디다 30을 놔야 될 것인가….

면담자　　아버님이 계속 그런 생각을 하세요?

준영 아빠　　준영이 엄마하고 같이 얘기를 하고, 준영이 엄마가 저를 가르쳐줘요. 엄마가 열 달, 자기 배에 넣어서 낳았잖아요, 더 절박하죠.

면담자　　그러니까 엄마들이 더 강하게 바뀌시는 거 같아요.

준영 아빠　　아이를 보고 아이의 억울함을 알리기 위해서, 온 머리 뭐든, 그러니까 아침에 일어나서부터 잘 때까지 그거에 몰입이 돼 있는 거예요. 그러다 보니까 남이 가르쳐주지 않은 거, 그게 쏟

아져 나와요. 그리고 부모님들은 그래요, 모든 분들 다 똑같아요. 절박한 마음이 모아지니까 서로 그거를 또 소통을 해서 "어디 이렇게 가서 이렇게 하니까는 좋았다", "어디 가서 내가 이런 얘기를 하니까 그분들이 좀 외면하거나 듣기 거북했던 이런 단어가 나왔다" 그러면 그런 부분들은 조율할 필요도 있고. 간담회 가서 진짜 현 대통령 막 쌍욕하고 원색적인 비난 확 그냥 너스레하듯이 막 늘어놓으면, 아이의 죽음, 고등학생을 가진 부모, 평상시 이런 시민운동이나 이랬었던 것을 몰랐던 많은 부모님들이 처음부터 그 얘기를 들으면 검증되지 않았기 때문에 억한 마음이 많이 나오면서 그 순간 '어, 나는 리본 달고 아이들의 죽음에 대해 알고 싶어서 왔는데 저 양반은 왜 저렇게 쌍욕을 하나, 들을 필요 없어' 그리고 문 박차고 나가면 안 되잖아요. 우리는 호소하고 손을 내밀러 왔어요. 그래서 때에 따라서는 그 절박한 마음을 다 뱉지 못하고 올라올 때는 어떻게 올라오는지 몰라요.

면담자　　하고 싶은 대로만 할 수가 없죠, 간담회는….

준영 아빠　　예, 맞아요. 내가 할 얘기는 이만큼인데 그거를 제대로 표현하지 못할 때 참 가슴 아파요. 이 말을 어떻게 표현해야 될까 그러다 보니까는 가게 되면 이틀, 삼 일 전부터 준비를 해요. 할머니들이 많이 오시면 어떻게 해야 될까, 고등학생들하고 하면 어떻게 해야 되나, 막 이런….

면담자　　가족협의회 안에 간담회 다니시는 분들을 위한 교육팀도 있다고 들었거든요.

준영 아빠   예전에 교육팀이 있었는데요. 그 교육팀은 뚜렷하게 뭐 하는 게 아니라 현재 진행되고 있는 사안에 대해서 같이 검사를 하는 거예요. 인양은 어떻게 어떻게 진행이 되고 있다, 그리고 특별법은 어떻게 진행이 되고 있다 이런 거. 필요에 의하면 "우리 욕하지 맙시다" 서로 그런 얘기, 그리고 '인문학적으로 보는 세월호' 부분, 인권 이런 거, 부수적으로 따라가는 거 있잖아요. 그런 게 그래도 자주 있어요.

면담자   같이 간담회 다니시는 부모님들과 얘기를 하다 보면 뭐랄까, 동지애, 위로도 되고 그러서요?

준영 아빠   동지애, 동지라는 말은 좀 그렇구요. 저희는 부모기 때문에 부모니까 부모로서 이렇게 가까워졌죠. 어느 부모가 다 자식 놓고 뭐 하겠어요.

면담자   제가 2월 달에 일본 친구들하고 같이 왔었는데, 그때 간담회를 해주셨던 분이 정혜숙 어머니셨던 것 같아요.

준영 아빠   아, 성호 엄마.

면담자   예. 워낙 차분하게 말씀을 하시잖아요.

준영 아빠   아, 그래요?

면담자   간담회 다니는 부모님들은 불특정다수를 항상 바꿔가면서 만나게 되시니까 더 준비를 하고 정리를 하실 거 같아요.

준영 아빠　　　그리고 그 재판 과정도 계속 읽어봐야 돼요. 세월호 부분에 대해서는 거기 있는 분보다 한 마디를 더 알아야만 되거든요, 그게 부모구요. 그래서 제가 평상시에 그랬었으니까, 뭐라도 하나 더 봐서 더 밝혀야 되니까, 그리고 또 알려야 되니까.

면담자　　　간담회 다니시면 지역별로도 좀 다르고, 단체별로도 반응이 좀 다르잖아요. 실제로 고등학생, 10대가 있는 곳과 중년의, 예를 들면 부모님 그룹이나 어르신들이 많이 계신 곳과 좀 다른가요?

준영 아빠　　　그렇죠, 생각의 차이들이 많죠. 아무래도 교육의 차이겠죠. 할머니들 같은 경우에는 70, 80 된 분은 그동안 정제된 언론 안에서 생활을 하셨던 분들이잖아요. 다만 손자 같은 애들에 대한 그 부분에 대해서 눈물을 흘리는 분한테 지금 정치 현안이라든가, 박근혜 정부의 그런 모습들, 아까 얘기했던 흔적, 하나도 모르는 분들한테 막 얘기를 하면 시간적인 소비예요, 못 알아들으시잖아요. 그분들한테는 이제 "손자 같은 애가 왜 그렇게 죽었나, 누구의 잘못인가" 그런 얘기. 고등학생들 만나도 너무 정부 비판보다 "현실에 충실하고 공부 열심히 해서 좋은 사람 돼서 사회를 바꿔나갈 수 있는 사람이 돼줬으면 좋겠다. 지금 배우는 글, 펜의 위력을 보여줬으면 좋겠다. 또 너무 거리에 나오지 말고 부모님들이 싸울테니까 집에 가면 소중한 아들, 딸 다치고 오는 거⋯". 이제 활동가들하고 얘기할 때는 "세월호의 절박함을 좀 더 알려주시고, 좀 더 강력하게 대처해 줬으면 고맙겠다". 아무래도 자리들이 많이 있잖아요, 하나같이 얘기할 수는 없는….

면담자   질문도 약간 달라요? 그 단체에 따라서?

준영 아빠   예. 어머님들 이렇게 만났을 때는 "아휴, 애 잃고 어떻게 살아요, 지금 어떻게 살아요, 뭐 먹고 살아요, 밥은 해먹고 다녀요?" 이게 주류예요. 학생들 같은 경우에는 그냥 눈물만 짓고 질문도 안 하고. 이제 활동하시는 분들은 "우리의 투쟁방향을 어떻게 잡아야 되냐, 우리한테 어떤 걸 했으면 좋겠냐, 제시 좀 해달라" 이런…. 처한 상황에 맞게 해줘요, 그럴 때마다. 그러니까 아무래도 더 처다보게 되죠.

면담자   어떤 질문받았을 때가 가장 힘드세요?

준영 아빠   (잠시 침묵) 지금의 심정, 그리고 거리에서 이렇게 막 말하거나 국회의원들의 상처 되는 말 그런 거 물어볼 때. 저희 부모는 욕먹고 발로 차고 다 좋아요. 근데 "부모가 행동을 하는 게[걸로] 아이한테만큼은 미워하거나 욕하지 말아[달]라" 질문할 땐 항상[대답]하죠. 그리고 "어머님, 아버님 너무 힘들어서 어떻게 살아요?" 할 때. "저희는 힘들지 않고, 지금도 이렇게 숨 쉬고 사는데. 아이들은 배 안에서 살라고 마지막 발악을 할 때 그 모습을 생각을 하면, 지금 부모는 아무것도 아니다"는 그런 얘기를 할 때 그래요. 아이에 대해서 물어볼 때가 제일 힘들어요.

면담자　　　전라도, 경상도, 지역적으로도 다 다니셨어요?

준영 아빠　　　근데 전라도, 경상도 다 똑같아요, 강원도도. 왜냐면 그분들이 이렇게 간담회를 요청했었던 분들 나름 준비되신 분들이기 때문에 지역적인 성향이 없죠. 근데 지역에서 피케팅하는 분들의 얘기를 들어보면 거기에 이제 느끼는 거죠. 대구, 합천 이런 데에서는 "격려의 말보다는 이렇게 [공격]하고 가는 사람이 더 많다" 이런 얘기 하시고, 그리고 누구 말마따나 성향 좋고 토양 좋은 곳에서는 열에 여덟은 응원해 주고. 아무래도 지금 현안 보면 뭐 TK이나 PK 지역에서는 많이 안 좋아하는 거는 당연하잖아요. 그리고 충청도나 강원도 산간 쪽에서는 아직 많이 모르기 때문에 "그거 뭐예요?"라고 그러던가.

면담자　　　그런 차이도 또 있네요.

준영 아빠　　　예, 그런 게 이제 지역차이구요, 저희 부모님들 간담회는 이렇게 아는 분들이 자리를 만드는 거니까 그런 거는 없죠. 그리고 간담회 하는 과정에서, 자기들이 500일, 400일, 300일 활동하는 과정에서의 에피소드 같은 거 얘기할 때 거기서 느끼는 거죠. 왜냐면 제가 식구들하고 접촉해 보지 않았으니까.

면담자　　　지방에 가시면 거기 지역에서 어떻게 활동이 되는지도 접하시겠네요.

준영 아빠　　　예. 저도 경상도, 충청도 뭐 많이 돌아다녔어요, 한 달에 5일 두 번을 갔을 정도였는데요. 저녁에 숙박할 때는 수녀원에서 잘 때도 있고 절에서도 자보고, 펜션도 자고, 또 귀촌하신 분 사랑방에서도 자보고(웃음).

8
아버님의 향후 바람과 마무리 인사

면담자　좀 어려운 질문인데, 아까 힘든 질문이 뭔지도 답변해 주셨잖아요. 저희가 다 트라우마가 있잖아요. 아버님께도 그런 게 있으실 텐데, 그거를 어떻게 풀려고 하시는지….

준영 아빠　안산에도 트라우마 심리치료 하는 단체가 '온마음센터' 있구요. '이웃'이라는, 정혜신 박사가 평택에 있다가 옛날 '다락'인가 '이락'인가 있던 거[와락], 거기 정혜신 박사가 여기 지금 안산에 들어와 있구요. 천주교에서 무슨 '생명센터'[수원교구 안산생명센터], 이런 트라우마와 연결된 팀들이 몇 개 있어요. 근데 저는 아직 트라우마 심리치료를 안 받아봤어요. 준영이 엄마는 두 번인가, 이제 너무 아파갖고 갔었고, 그 정신과의사 정혜신 박사 주최하는 정신과 그쪽에서 간담회 해주러 한 번 갔었던 거구요. 전 아직까지 트라우마 치료를 안 받고 있어요. 남들은 이제 재충전 차원에서 트라우마[치료]를 받는데요, 준영이 엄마나 저 같은 경우는 이런 생각을 갖고 있어요, '트라우마를 치료받는다라는 건 기억에서 잠시 잊어, 잊는다'는 거죠, 놓는다는 거죠. 저는 그게 싫어서 치료 안 받아요. 아이는 그렇게 갔는데 트라우마 치료받고 누워 있는 게 아이한테 미안해요. 그래서 트라우마 치료를 안 받고 있구요.

저나 준영이 엄마가 트라우마 치료하는 방법은요, 간담회, 피켓 들고 광화문 가서 지키고, 특조위 가서 하는 거, 부모가 하는 거에 대해서 밝혀지는 게 트라우마 치료예요. 진상 규명만이 트라우마를 치료하죠, 뭐 정신과 치료하고 약 먹고 누가 내 몸 마사지 해줘서 트라우마 치료되는 거 아니에요. 그래서 그렇게 센터도 안 나가구요. 지금 뭐 온마음[센터]에서도 희생된 가족에 이렇게 선생님들이 배정이 돼 있대요. 왜냐면 또 관리하시는 분들이 있잖아요. 온마음센터는 국가기관이니까요. 근데 그 사람이 그러더라구요, 진짜 저 보기 힘들다고. 다른 분들은 자주 뵙는데 보기 힘들다고. 그래서 "저도 보기 힘들고 자주 안 봤으면 좋겠네요" 그러거든요. 그래서 분향소에도 소문났는데요, 이렇게 살아요.

면담자   이렇게 술을 드신다거나…….

준영 아빠   저는 사고 전에는 술 많이 먹었어요. 근데 참사 이후에는 거의 술을 안 먹어요. 술 먹으면 잠도 안 오구요, 또 몸이 많이 망가지면 광화문에 못 가잖아요, 그래서(침묵).

면담자   저희도 면담을 다녀보면 의지가 강한 부모님들 경우에는 '아, 너무 참 대단하시다' 이런 생각이 들면서도 한편으로는 '저거를 어떻게 푸는 시간이 또 필요하지 않을까'라는 생각이 들기도 하고 그렇습니다.

준영 아빠   오늘도 이거 끝나면 광화문 갔다가 특조위 갔다가 송파에 〈다이빙벨〉 같이 보는 프로그램이 있어요, 간담회죠. 오후 8시에 잡혀 있어요, 갔다 안산 오면 이제 11시?

면담자   많이 늦게 끝나시겠네요.

준영 아빠   그러니까 바로 그게 저나 ○○이 엄마 트라우마 치료예요.

면담자   계속 다니시면서 이제….

준영 아빠   예, 많이 알려야죠.

면담자   저희가 3회 만났잖아요. 혹시 저희 구술증언이 어떤 시간이었다든지 아니면 '이런 식으로 진행이 됐으면 좋겠다' 이런, 마지막으로 하고 싶으신 말씀 있으세요?

준영 아빠   예. 이후에 또 이런 자리가 마련될 수도 있잖아요. 그 절박한 부모님들 마음, 그리고 '왜 꼭 진상 규명을 해야 되나, 왜 마지막 한 명까지 책임자 처벌을 해야 되나' 그런 마음에 좀 많이 비중을 실어줬으면 좋겠어요. 더 이상 아이의 죽음만을 갖고는 안 될 거예요. 아이만 붙잡고 울, 울면 많은 사람들이 모르잖아요. 앞으로 이런 일이 다시는 벌어지지 않게, 그리고 내 아이가 왜 그렇게 구조받지 못하고 죽었나, 그걸 꼭 밝혀야 돼요, 죽을 때까지. 그런 부모들의 절박한 마음, 그거를 좀 많이 이렇게 담아주셨음 좋고요. 또 '우리 가족들 이젠 많이 외롭지 않다'는 얘기를 해주세요. 아이를 통해서 세월호 가족들이 많이 생겼잖아요. 그분들한테 고맙다고 꼭 좀 전해주시구요. 이제 부모님들이 600일, 다가오는 600일 동안 시민들이 많이 지켜봐 주고 도와줬잖아요. 저희 가족들이 '어떻게 하면 도와줄 수 있는가' 고민을 해야 됩니다.

면담자 　　서로 같이 가는 거죠.

준영 아빠 　　그렇죠, 그래야만이 같은 생각을 갖고 같은 공간에서, 세월호 진상 규명만이 아닌 다른 침해되는 요건까지도 같이 고민하구요.

면담자 　　감사합니다. 3차에 걸쳐서 구술하는 시간 동안 아버님의 생각, 그리고 준영이를 많이 알게 된 소중한 시간이었습니다. 그럼 인터뷰는 여기서 마치도록 하겠습니다. 수고하셨습니다.

준영 아빠 　　예, 수고하셨습니다.

준영 아빠 오홍진

4·16구술증언록 단원고 2학년 5반 제4권

그날을 말하다 준영 아빠 오홍진

ⓒ 4·16기억저장소, 2019

기획 편집 4·16기억저장소 | **지원 협조** (사)4·16세월호참사가족협의회
펴낸이 김종수 | **펴낸곳** 한울엠플러스(주)
초판 1쇄 인쇄 2019년 4월 1일 | **초판 1쇄 발행** 2019년 4월 16일
주소 10881 경기도 파주시 광인사길 153 한울시소빌딩 3층
전화 031-955-0655 | **팩스** 031-955-0656 | **홈페이지** www.hanulmplus.kr
등록번호 제406-2015-000143호

Printed in Korea.
ISBN 978-89-460-6745-5 04300
        978-89-460-6700-4 (세트)

* 책값은 겉표지에 표시되어 있습니다.